KINZAI バリュー叢書

実践ホスピタリティ入門

氷が溶けても美味しい魔法の麦茶

CS・ホスピタリティ研究ディレクター
田中　実［著］

一般社団法人金融財政事情研究会

■はじめに

数多くの先達、研究者の方々がホスピタリティに関する書籍を出版されています。しかし、ホスピタリティに関する理論的な研究書や専門書であったり、ホテルを舞台にホスピタリティが語られているものが多く、感動もある、納得もできるが、自分の生活感には結びつかないと感じている方が多いように思います。

巣鴨信用金庫では、私が在籍していた二〇〇六年に、よりお客様にご満足いただける金融機関を目指してホスピタリティへの取組みをスタートいたしました。同年に金融財政事情研究会主催のセミナーでCSやホスピタリティに関する巣鴨信用金庫の取組みをご紹介させていただいたことをご縁に、二〇〇七年六月に『ホスピタリティ―CS向上をめざす巣鴨信用金庫の挑戦』（金融財政事情研究会）を執筆させていただきました。

二〇一〇年六月に巣鴨信用金庫を退任させていただきましたが、少しでも在職中にお世話になった皆様のお役に立ちたい、そんな思いでCSやホスピタリティをライフワークに活動しております。

そんな折、書籍出版でお世話になった金融財政事情研究会・出版部の部長加藤一浩様、次長の伊藤洋悟様より、ぜひもう一度、執筆を、とお声をかけていただきました。

前作の執筆がご縁で、金融業界だけでなく、さまざまな業界の皆様と交流する機会をいただきました。感動したり、力不足を感じたりしながら、数多くの示唆を得ることができました。

ホスピタリティに関して、前述のとおり、ご高名な先達が学問的に探求され、数々の書籍を残されています。ホスピタリティの理念や理論を知りたい、そんな読者は、先達のご高書をお求めになることをおすすめします。

この本では、ささやかな経験をもとに金融業界だけでなく、さまざまな分野のCSやホスピタリティへの取組みをご紹介させていただきました。事例のなかには、もしかすると自らは、ホスピタリティの概念を認識されていないケースも含まれていると思います。独自の視点でビジネスの現場で役に立つ実践にスポットライトを当てて話を進めさせていただきます。

そして読み終えたとき、企業の経営者から、これからビジネスに加わる学生の方まで、読者の皆様がこんなかたちなら、こんな身近なことなら私たちも今日から「CSやホスピタリティ」に取り組める。そんな勇気をもてるものになればと考えています。

二〇一一年五月

田中　実

目次

第1章 サービスからホスピタリティへ

第2章 ホスピタリティへのアプローチ

第4章　地域金融機関とホスピタリティ

第5章　大切なのは「志」

終　章

ちょっと コーヒーぶれいく

第1章

サービスからホスピタリティへ

ホスピタリティの認知度

皆さんのなかには「ホスピタリティ」という言葉にあまりなじみがない方もいらっしゃるかもしれません。でも、インターネットでホスピタリティを検索すると驚くことに二四六万件、Hospitalityではなんと一億三七〇〇万件もヒットします。ホスピタリティは皆さんが思っている以上に世の中では認識されています。ホスピタリティを冠するさまざまな団体、大学の学部・学科なども存在し、書籍も数多く出版され、ホスピタリティ検定なども行われています。特にこの五～六年でホスピタリティの認知度は飛躍的に高くなったようです。新聞・雑誌やテレビなどでもこの言葉に触れる機会が多くなりました。ホスピタリティが社会に浸透し、興味を抱く方も増加しているのです。

「ホスピタリティ」のことなら知っているという方のなかにはホスピタリティをホテルでの上質なおもてなし、上質なサービスと誤解されている方も多いようです。書籍・雑誌などでもホスピタリティ・サービスなどとホスピタリティがサービスの形容詞になっている例などもみられます。ホスピタリティとサービスは語源も意味合いもまったく違いますし、ある意味で対角的な言葉です。

本書は、「はじめに」で述べたとおり、ホスピタリティの学術書、理論書ではなく実践のノウハウをご紹介させていただくことが目的ですが、ホスピタリティに関してポイントを絞ってご紹介させていただきます。

ホスピタリティとは

医は算術、救急患者のたらい回しなど、さまざまな医療の問題が提起されていますが、そこにはそれらとまったく無縁の光景が展開されていました。病室はおろかロビーや廊下に並べられたベッドやベッドがわりの長いすにまで多数の被災者が運び込まれていました。

拙書を執筆中に、東日本太平洋沖を震源とするマグニチュード九・〇の巨大地震が発生しました。そして地震によって引き起こされた悪魔のような黒い津波が、町を、田畑を、そこに暮らす人々の日常を一瞬のうちに奪い去りました。そのうえ、安全神話を打ち砕く原発事故。あまりの惨事に呆然として筆が止まりました。

被災を免れた医療機関はベッド数を遥かに超える多くの被災者を受け入れました。そこには寝食を忘れ、救命に没頭する医師、看護師の姿がありました。

ホスピタリティ（Hospitality）はラテン語のホスペス（hospes）が語源です。ホスペス（hospes）の語意は「客人の保護者」「異邦人の保護者」です。

ホテル、レストラン、病院などまだなかった古い昔。聖地に向かう巡礼者に、交易を目的に旅する商人に、あるいは難破して流れ着いた異邦人に、宿を、食事を提供し、病に倒れ衰弱した旅人を受け入れ看病しました。保護する側の資力や事情によっては、受け入れる場所は軒先や納屋かもしれません。食事も粗末なものかもしれませんが、異邦人であっても相手の状況にあわせ、自分がもてるもの、ベッドや食事を提供し手厚く介護しました。

いま、ホテルと病院はホスピタリティ産業の代表的な業種といわれていますが、そんな情景を思い浮かべれば、ホテル（Hotel）、ホスピタル（Hospital）がホスピタリティ（Hospitality）と同じホスペス（hospes）から派生していることが納得できるのではないでしょうか。

ラテン語のhospesからHospitality, Hotel, Hospitalが派生し、その一方、もてなす側の主人としてのホスト（Host）、ホステス（Hostess）、客人としてのゲスト（Guest）もホスペス（hospes）からの派生語、関連語です。

ホスピタリティは人としての温かさ、気遣い

現在、ホスピタリティは、日本では「もてなし」とか「心からのおもてなし」という言葉で表

現されることが多いようです。「もてなし」の言葉から湯茶、食事の接待など飲食業の上質な対応と誤解されている方が少なくありません。

もてなしは「お客様や他人を厚遇、歓待する」「温かく親切にもてなす心、歓待の精神」、そして「心」の意味を、ルールやマニュアルに沿った行為ではなく人としての温かさ、気遣い。そう解釈すればホスピタリティはきわめて人間的な行為であり、同時にサービス業だけでなく、すべての業種に必要不可欠な要素なのです。

今回、千年に一度といわれる東日本大震災のなか、医療の現場でみられた行為は、場所や設備がなくても、ノーといわず、自分たちのもてる力のなかで至高の対応をする、ホスピタリティの原点のようにも感じられました。また、東日本大震災では公的な救援とは別に、発生後直ちにＮＰＯ、ＮＧＯなどボランティアによる救援活動も始まりました。

日本のボランティア活動は、阪神淡路大震災で一躍注目されるようになりました。当時は被災者の寝るべき場所を占有し、被災者に回るべきわずかな食料を消費するなど一部の心ないボランティアの存在も伝えられましたが、東日本大震災ではそんな状況はみられませんでした。

災害から日が経つにつれ、被災者のニーズにあわせ支援物資や支援する事柄を変化させているきめ細かなボランティア団体の活動をみると、これもまたホスピタリティを考えるうえで大きな示唆を得たように思われます。

ホスピタリティの研究者であり哲学者の東京芸術大学客員教授の山本哲士氏は、ご高書『ホスピタリティ講義―ホスピタリティ・デザインと文化資本経済』（文化科学高等研究院出版局）のなかでホスピタリティの語源についてホスペス（hospes）ではなく、さらにさかのぼり古ラテン語のホスティス（hostile）「敵」にあると紹介されています。

「敵」という言葉からホスピタリティへのつながりに思いをはせるのはむずかしいことですが、見ず知らずの異邦人に一夜の宿を供することは考え方によってはおそろしいことです。異邦人は得体の知れない存在です。何をされるかわかりません。何を言い出すかもわかりません。そんな客（敵）と戦わず、客（敵）と調和する絶対平和の高度な技術がホスピタリティ。敵さえも柔らかく懐に包み込んで収めてしまう。一見、敵対しているようにみられるホスティスからホスピタリティへの流れも、そんなふうに考えれば無理なく理解できるのではないでしょうか。

東日本大震災の後、テレビでは民間企業のCMが自粛されるなかで、繰り返しACジャパンのCMが流れました。そのなかに、映像とともに金子みすゞの詩が朗読されるものがありました。最後に「やさしく話しかければ　やさしく相手も答えてくれる」のナレーションで終わります。これを聞いて、ホスティスとホスピタリティを思い出しました。これがホスピタリティの極意かもしれません。

いまなぜホスピタリティか、に移る前に、サービスの語源なども簡単に紹介させていただきます。

サービス（Service）は、ホスピタリティと同じラテン語のセルボス（servus）「奴隷・使用人」が語源です。奴隷・使用人が主人に対して奉仕する。現在でも、「お客様は神様です」という言葉に象徴されるように、仮想の主人であるお客様に対して仮想の従者たる企業（個人）が有形・無形のものを提供する。多くの場合、提供する側の利益や対価を獲得するための義務的・機能的な行為を指しています。サービスはルールやマニュアルに沿って、すべての顧客に平等に提供されるものです。

サービスは、利益や対価を獲得するための義務的・機能的な行為。そしてホスピタリティは義務的・機能的な行為ではなく人としての温かな気遣い。ホスピタリティとサービスはまったく違いますし、ある意味、対角的な位置に存在する言葉なのです。ここでは簡単にそう定義したいと思います。

サービスからホスピタリティへ

冒頭で、ホスピタリティが注目されていると述べましたが、なぜなのでしょう。

私は団塊の世代です。戦後まもなく生まれました。戦後、復興の過程では本当に物がありませんでした。子どもには比較するものがありませんから、当時はそんな思いはありませんでしたが、食事、衣料、クルマ、家、いまとはまったく比べようもありません。

物が少なく、物に飢えていた時代は、どんなものでもつくりさえすれば売れました。人口も一九四五年の七〇〇〇万人強から一九八五年の一億二〇〇〇万人へと爆発的にふえました。企業は市場に向けていかに効率的に生産するか、それが命題でした。

やがて、日本は高度成長期を迎えました。大量生産、大量消費の時代の到来です。物が潤沢に提供されるようになると同時に、企業では一段と効率化、合理化が進みました。同じような物が市場に投入され溢れました。競争が激化した市場のなかで、企業は顧客に自社製品を選んでもらうために価格や品質を競い、同時に接客やサービスの質の向上にも力を入れるようになりました。

サービスの限界

象徴的なサービスがあります。ポイントカードです。日本中の多くの企業で提供されているポイントカード、ポイント制は三〇年ほど前、一九八〇年代初めにアメリカの航空会社が始めたFFP（Frequent Flyer Program フリークエント・フライヤー・プログラム：頻繁搭乗者プログラム、日本ではマイレージ・サービスと呼ばれ一〇年ほど遅れて導入されました）が最初だといわれています。同じような価格、品質のなかで顧客を囲い込むために開発されたサービスです。

ポイント制のように新しいサービスが開始されると、利便性やお得感が消費者を刺激し他社に対して優位性を確保できるのですが、そのサービスがよいものであればあるほど他社の追従を呼び、先行者利益はほんのわずかな瞬間でしかありません。ポイント制はシステムを複雑化しながら発展し、いまではすべての業種といっても過言ではないほど一般的なサービス、あって当たり前のサービスとなりました。そこで得られる顧客ロイヤリティは、きわめて限定的なものとなっています。

もう一つご紹介します。若い方は生まれた時からファミリーレストランチェーンが存在していたと思いますが、日本のファミリーレストランチェーンは一九七〇年代前半に産声をあげました。アメリカのキッチン・システムとマニュアルを導入し、料理はチェーン店ならどこでも同じ味、同じ品質、同じ接客が提供される。当時は、あるチェーン店の「いらっしゃいませ。○○へようこそ！」の挨拶は新鮮に感じられたものです。しかし、すぐ同じようなサービス、商品を提供するチェーン店が乱立し、その結果、価格競争が激化しました。ブランド名を変えたり、商品を変えたり、セルフ化するなどさまざまな工夫がなされ、サラダバー・ドリンクバーなど新たなサービスが投入されていますが、価格以外の差別化は絶望的ともいえる状況です。

さらに例を加えれば、金融機関では監督官庁による強い規制に縛られた時代が長く続きました。やがて金利自由化、規制緩和の時代となりました。自己責任で金利や提供するサービスを決定できるようになり、高い金利で預金を集める金融機関も現れました。しかし、裏付けなしに継続的に高金利を提供することは不可能です。お客様からみれば、高利でなければ預金を集めることができない金融機関と判断され、最終的には信用を失う結果となりました。金利だけに頼った商品・サービスではお客様のご支持は得られないのです。

創業の精神への回帰

ここまで、サービスや商品の限界について、航空会社、ファミリーレストラン、金融機関の例で紹介しました。

ほかにもホスピタリティが注目されている理由があります。企業の売上げ、利益第一主義への反省と創業の精神への回帰です。

日本では一九九〇年代のバブル期に、すべての企業に不動産部があるかと思えるほど、不動産事業、不動産投資に対する関心が高まりました。土地の価格は上がり続ける。そんな土地神話のなかで本業を忘れ、われ先に利益を求め不動産投資に走り、やがて訪れたバブル崩壊で大きな痛手を受けました。

バブル崩壊後の二〇〇〇年代、長く続く不況のなかで、有名ブランドや老舗ブランドにおいて偽装事件が続発しました。新興のＩＴ企業による、巨額の粉飾決算、ファンドによるインサイダー取引なども起こりました。企業がお客様を置き去りにして利益を求めたのです。長い年月をかけて築き上げてきた信用は偽装事件で一夜にして崩壊し、ブランドは地に落ちました。

企業は高邁な理想を掲げて創業されました。信用金庫は金融を通して地域経済の発展を目指し、相互扶助、非営利を創業の精神として設立されました。化粧品会社は女性を生き生きと美しくすること。自動車メーカーは安全で快適な移動手段としてのクルマを提供する。創業当時はそんな創業の精神を大切に社会に貢献することを目指していたはずです。それが、高度成長のなかで、販売競争が激化するなかでいつのまにか変質し、金融機関は資金量の増加を、化粧品会社はリップクリームの売上げを、そして自動車メーカーはシェアを上げることが、いつのまにか目的に変わってしまったのです。

売上げ、利益第一主義への過度な傾斜を反省し、創業の精神を振り返る、そんな流れが確実に生まれています。


ここまでご紹介したように、効率第一のサービス経済の限界、利益優先への反省、物から心への転換、そんなさまざまな要因が重なり合い、ホスピタリティが注目されています。

サービス・プラス・ホスピタリティ

サービスからホスピタリティへの意味は、サービスをやめホスピタリティに転換する。そうではありません。意味するところはサービス・プラス・ホスピタリティです。

サービスはビジネスから生まれた言葉、ホスピタリティは人間の根源的な温かさ、やさしさを含蓄する言葉。ホスピタリティの概念のほうが大きく、サービスの概念を内包しています。

ビジネスは、商品・サービスがなければ成り立ちません。人間としての温かみ、やさしさ、相手（お客様）の事情に配慮したホスピタリティを根底にもちながら、ルールに沿って、マニュアルに沿って効率的に合理的に迅速にお客様に商品・サービスを提供するのです。

ホスピタリティは「この時、この場、この人だけに」

巣鴨信用金庫では、サービスは「いつでも、どこでも、だれにでも」、そしてホスピタリティは「この時、この場、この人だけに」と表現しています。

そういわれても何をいっているのかわからない。そんな声が聞こえてきますので具体例をあげます。

金融機関にはATMが設置されています。いまや入出金の九五％以上はATMが使われ、窓口での処理は五％ほどです。ATMは個人金融サービスのインフラで、ATMなしでは個人金融サービスは成り立ちません。預金量一兆円を超える金融機関であれば、ATMの利用者数は一日数万件を上回るはずです。

プレミアムホテルであればお客様は一日数百人、金融機関は一日数万人。ATMを利用するサービスは「いつでも、どこでも、だれにでも」提供できるが、「この時、この場、この人だけに」そんな言葉はキャッチフレーズで実現は不可能。現場からそんな意見も実際に投げかけられました。

それが可能なのです。ATMコーナーにスタッフを配置しているケースを考えます。

ＡＴＭを利用されるほとんどのお客様はスピーディーに入出金、振込みができればご満足いただけます。目的を達成して帰りたい。ほとんどのお客様はそれ以上の期待は抱いていないのです。そんなかたちでＡＴＭを利用されるお客様には「いらっしゃいませ」「ありがとうございました」それが、ご満足いただける対応です。そんなお客様に追い打ちをかけるようなセールスは自分勝手な過剰サービス、おせっかいになってしまいます。

大勢のお客様がＡＴＭを利用されるのですが、お客様のなかには入出金以外のさまざまな事情を抱えていらっしゃる方も含まれています。それはまさに振り込め詐欺の被害者になるかもしれないお客様、これから振り込もうとしている方かもしれません。

何か不安げにされているお客様、そんなお客様をアイコンタクトやお客様の表情、行動から感じ取るのです。笑顔で「いらっしゃいませ、何か、ございますか」その一言がホスピタリティの第一歩です。お客様が声にしていない要望を引き出し、お客様の抱える事情に沿って「この時、この場、この人だけに」親身な対応をするのです。お客様の抱える問題は十人十色、さまざまですからマニュアルだけでは解決することはできません。

必要なお客様に十二分に「この時、この場、この人だけに」それがホスピタリティです。

「いつでも、どこでも、だれにでも」のサービスや商品で特色は出せないのか。お客様にご満足はいただけないのか。決してそうではありません。

「利益を優先する企業が自分たちの利益を目的に開発した商品・サービス」と「お客様の目線で開発された商品・サービス」では、いかに商品やサービスが溢れる時代でも目の肥えたお客様には必ず伝わるはずです。

お客様にご支持いただける商品・サービスには、必ず提供する側のホスピタリティ精神が込められている。経験からそう感じます。そんな商品・サービスや取組みも、本書第3章のなかでご紹介させていただきます。

サービスはお客様に、ホスピタリティは三六〇度

サービスはお客様に提供されるものです。それではホスピタリティの対象はだれでしょう。対象は「すべての人」です。お客様、同僚、上司、部下、お取引先、ありとあらゆる、すべての人です。ビジネスの場であれば「すべてのステークホルダー」です。

企業の社会的責任（CSR）が問われる時代になりました。

サービスの概念でCSRを語ることはできませんが、ホスピタリティの概念でCSRを語るこ

とができると思っています。

「お客様は神様です」といわれますが、サービスは仮想の上下関係のなかで神様であるお客様に提供されるものです。そして提供されるサービスには、それに見合った対価を支払います。役務（サービス）とお金の等価交換です。

それに対してホスピタリティはゲストとホスト、お客様とそれを迎える主人の対等の関係のなかの心遣いです。ホスピタリティはサービスと違い、基本的に目にみえるかたちで準備されているわけではありません。対価を求めるものではありませんし、対価も計算することはできません。

巣鴨信用金庫では、サービスを「いつでも、どこでも、だれにでも」、そしてホスピタリティは「この時、この場、この人だけに」と表していると前項で述べました。

商品・サービスは制度やルールに従って、希望するお客様に全員一律で提供されなくてはいけません。それが決まりですから、もしルールどおり提供されなければ苦情になります。たとえば、金利を上乗せする定期預金を販売すればルールに従って金利を上乗せしないと、当然クレームになるのです。

それに対してホスピタリティにルールはありません。いま、この場で目の前にいるお客様のご要望にいかにお応えするかということです。

お客様は千差万別ですからルールやマニュアルなどつくることもできません。いかに対応するか、それはお客様のニーズとお客様の目の前にいる社員・職員一人ひとりにかかっているのです。

サービスは対価を払うお客様を対象にしているといいましたが、ホスピタリティの対象はお客様だけではありません。それは語源からもわかっていただけると思います。すでに「異邦人の保護、巡礼者の保護」がホスピタリティの語源であることに触れましたが、「拠り所がなく困っている人」と言い換えればわかりやすいのではないでしょうか。困っている人を助けると考えれば、相互扶助、ＣＳＲ（企業の社会的責任）にもつながります。企業として社会の困難な問題の解決に力を発揮するのです。困っている人の立場に立って気配り、心配りをする。もう一歩進めば、日常の生活のなかで相手の立場に立って気配り、心配りをする。それがホスピタリティです。

そのように考えればホスピタリティはお客様だけではなく、自分や自分が所属する企業と関係するすべての人々、取引している企業、地域の公共団体、そこに働く人々、自分の周りの同僚、上司などすべてが対象となるのです。

お互いが、お互いの立場を尊重しながら、厳しいけれど画一的ではなく柔軟に対応する。そこから生まれてくる円滑なコミュニケーション、信頼感、相手に対する感謝の気持ちがビジネスを大きく変える可能性を秘めています。

サービスはお客様に、そしてホスピタリティは三六〇度、ステークホルダーを超え接点のある人すべて、自分を取り巻くすべてが対象となります。

ちょっと
コーヒーぶれいく

氷が溶けても美味しい魔法の麦茶

「田中さん、この麦茶、すごいですね」

いつもと変わらない麦茶のはずです……。

ある夏の日。来客の直前に受けた電話が長引いて、お客様をお待たせしてしまいました。応接室に入るなり、いきなりいわれた言葉が「この麦茶、すごいですね」でした。

当時、私は経営企画のほかCS・ホスピタリティや広報も所管している創合企画部を担当していました。

金融機関としてはCSが評価されるようになり、マスコミ、CS関連の研究者、金融機関など外部からのお客様も頻繁にお迎えしていました。CSといえばお客様が第一ですが、本部セクションでもご来訪いただく皆様を大切にしています。「魔法の麦茶」はそんなお客様をおもてなしするために、女性職員が工夫してくれたのです。

暑い日でした。お客様は一息で麦茶を飲んだそうです。そして氷が透明でないことに気がつきま

した。氷が溶けても麦茶が薄くならないようにと、麦茶を凍らせていたのです……。

私はまったく気がつきませんでしたが、担当の職員はそんなおもてなしを考え、だいぶ前から氷も麦茶だったのです。CSやホスピタリティを掲げている巣鴨信用金庫にふさわしいおもてなしを。きっとそう考えてくれたに相違ありません。

自分の取組みを誇示することなく、さりげなく接待する。みんなが同じように実行できれば、素晴らしい企業文化をもった組織になるはずです。

第2章

ホスピタリティへのアプローチ

マニュアルは企業本位にできている

第1章では、ホスピタリティとは何かについて触れました。第2章では、どんなふうにビジネスに取り入れるか、どんなことが必要かについて考えます。

「規程」を辞書で引くと、「一定の目的のために定められた一連の条項の称。特に、官公庁などで、内部組織や事務取扱いを定めたもの」。

「マニュアル」を同じく辞書で引くと、「1. 機械・道具・アプリケーションなどの使用説明書。取扱説明書。手引書。2. 作業の手順などを体系的にまとめた冊子の類」と書かれています。

金融機関にも、規程、事務取扱要領、手順書、手引などと呼ばれる、さまざまな規則があります。なぜ、規程・マニュアルはあるのでしょう。規程でいちばん重要視されていること、それはコンプライアンスです。さまざまな法令に反することがないよう定められています。そして提供する商品・サービスを正確に迅速に効率的にお客様に提供することが目的です。

コンプライアンスの観点からいえば、規程は法令に違反する事態にならないよう念には念を入れて、がんじがらめに堅く、堅く構成されています。

そして取扱要領やマニュアルなどによって、処理が行われる現場を想定してより詳細に定められています。

企業側からみれば、規程やマニュアルは
・自らが提供する商品・サービスの質を維持する
・マニュアルに沿って処理することで、迅速に効率的に利益を上げる
・コンプライアンスを重視することで顧客を守ると同時に自分たち企業をトラブルから守る、トラブルに巻き込まれないようにする
などを考慮して作成されているのです。

お客様の側からみれば、コンプライアンス、消費者保護の観点で守られ、いつでも同じレベルのサービスを適正な価格で受けることができます。

規程やマニュアルにはお客様にも企業側にもある種のメリットがあるわけですが、お客様の事情は千差万別です。どんな事態でもマニュアル優先、全員一律、感情のないロボットのようなサービスでは、不都合が生じるとともに、人が求める温かみが薄れ、従業員も思考を停止し、質の高いサービス、ホスピタリティとは相反する事態が起こります。

ホテルの接客サービスもマニュアルに沿って行われています。たとえば、テーブルでのサービ

スはお客様の右側、テーブルに向かってお客様の右後方からサービスするようになっています。それがマニュアルで決められたサービスの作法です。しかし、ホテルによってはその場の状況によって、右後方からのサービスがふさわしくなければ、スタッフの判断で左後方からサービスすることも認めています。

サービスしようとしているお客様が右隣のお客様と楽しく談笑しているところに割って入るようなことはしないのです。

それはマニュアルが大切なのではなく、大切なのはお客様だからです。

マニュアルはだれのために存在するのか

ホテルのような接客サービスではマニュアルの弾力的な運用ができるが、金融機関のような事務処理に関してはマニュアルの弾力的運用はできない。そんな意見が聞こえてきそうです。

それに関してこう思います。解決方法は二つあります。

第一は、マニュアルがお客様本位になっているか、お客様にお願いしている手順、方法がお客様本位になっているか見直しすることです。

少子高齢化といわれていますが、個人金融資産の分布を年齢別にみると六〇歳以上の層が金融資産の六割以上を占めています。日本では高齢者イコール富裕層となっている、それが現実です。

それでは、たとえば伝票など、ご高齢のお客様にやさしい仕様になっているでしょうか。

- 印刷の文字は大きくなっているでしょうか。
- 記名欄は書きやすい大きさになっているでしょうか。
- 説明文に金融専門用語や横文字が多くないでしょうか。
- 複写式にして署名回数を減らすことはできないでしょうか。

消費者保護のコンプライアンスとは別の次元です。お客様の目線ですべてを見直せば、まだまだ修正しなくてはならないことがみえてくるはずです。お客様からのクレームのなかに改善すべきヒントが隠れているのです。

第二は、マニュアル自体を弾力的につくることです。お客様の要望は多様です。マニュアルに幅をもたせ、お客様、さまざまな事態に対応できるようにするのです。

巣鴨信用金庫では偶数月の一五日、年金が振り込まれる日に「年金感謝デー」を開催しています。巣鴨で年金をお受取りいただいているお客様に、毎年一年間有効の感謝デーのスタンプカードを事前にお送りしています。感謝デーにはカードをご呈示いただき、当月分のスタンプを押したうえでサービス品を差し上げていますが、なかには、スタンプカードをお忘れになるお客様もいらっしゃいます。

サービスマニュアルではカードを提示していただき、スタンプを押すことになっています。それは、サービス該当者であることを明確にするとともに、二重にお渡ししないようにしているのです。

マニュアルに従えばカードが提示されなければプレゼントできないことになります。それでよいのでしょうか。日頃の感謝の気持ちを込めて開催しているのに、それでは本末転倒ですが、現場の対応はマニュアルが重視されているのではないでしょうか。

お客様は口座から年金を下ろすためにご来店されますから、通帳はおもちです。通帳をみれば、巣鴨をご利用いただいていることはすぐにわかります。カードを忘れるお客様がそんなに多いとは思えません。お忘れになったお客様は年金取引のあることを確認できればいい。本質をとらえた判断ができれば問題はないのです。それでも心配なら、マニュアルにそんな一文を加えておきましょう。

視点を変えて業界常識から脱却する

マニュアルとは直接関係ありませんが、仕事のやり方、考え方をお客様本位に見直すことでできることがたくさんあります。私はクルマが好きで、ディーラーのショールームに見に行くことがあります。もう一〇年近く前になりますが、ドイツのプレミアム・ブランドのショールームをみてから、私が乗り続けている、国産メーカーN社のショールームに寄ったことがありました。そこにはモデルチェンジしたばかりの、N社としては高額な部類に入る車両が展示されています。展示車両を一目みて何か違いを感じました。展示車両のシートに、高額なプレミアム・ブランドにはなかったビニールのシートカバーが掛かっているのです。

自宅に戻ってから、N社の消費者窓口にメールを打ちました。「シートの質感をお楽しみくださいとCMしているのに、なぜ、シートカバーがしてあるのか……」

N社ではお客様はクルマを汚す、とんでもない輩と思っていたのでしょうか。当時は、N社だけでなく他社でも皆、カバーがされていました。展示後の車両の販売まで考えて、できるだけクルマを汚さないようにと考えているのです。

私の意見が取り入れられたわけではないでしょうが、まもなくN社の展示車両からビニールカバーが外されました。T社のプレミアム・ブランドでも当初はカバーがされていましたし、残念ながら、現在でも地方の独立系のディーラーではカバーが掛けられているところがあります。これに類似した事例は、ほかにもあるのではないでしょうか。

自分たちが当たり前と思って日常やっていることが、実は自分たちの都合でお客様を軽視している。あなたの周りにもそんな異物がまだ潜んでいるかもしれません。

心に沁みるプラスアルファの一言

ＣＳを向上したい。ホスピタリティにも取り組みたい。でも何から始めたらいいかわからない。そんな悩みがあるのなら、まず挨拶を徹底することから始めましょう。挨拶はコミュニケーションの第一歩、挨拶ができなければお客様との距離をつめることはできません。

サービスのレベル向上を求めるなら挨拶を励行するだけでも状況は変わるはずです。「いらっしゃいませ」と声が出るようになったら、ご来店いただいたことへ感謝の気持ちを込めて、「ようこそ」「お待ちしておりました」笑顔とアイコンタクトでお客様にそんな気持ちが伝わるように努めましょう。ある中堅スーパーの社長のお話では、挨拶を見直し、徹底したところ、三カ月でお客様のクレームが五分の一に激減したとのことです。

そして、ホスピタリティは個別対応ですから、お客様にふさわしいプラスアルファの一言を添えられるようになれば完成です。決して簡単ではありませんが最低六カ月、いえ一年は続けてください。お客様の反応が少しずつ変わるのがわかるはずです。

お母様もこの一年間、本当に大変でしたね……

こんな話をご紹介します。ご縁があってお店を知ってから、静岡出張時のお土産は和洋菓子店「たこまん」（株式会社たこ満、本社・静岡県菊川市）のお菓子が定番となりました。その店頭での出来事です。

ある日、お子様の一歳の誕生日のために、ケーキの予約をいただきました。そのお母さんが商品を受取りにご来店されますが、子育て経験のある社員さんは「この一年間、お母様はどんな思いで子育てしてきたのか、どんな気持ちで今日を迎えるのか、と思うと、何か声をかけたい」そんな思いを抱きました。

受渡しの当日、気がきいた特別な言葉は浮かばなかったのですが、自分の経験をふまえて「○○ちゃん。一歳の誕生日おめでとうございます」。さらに「お母様もこの一年間、本当に大変でしたね。本当におめでとうございます」と心を込めた言葉を贈りました。

その言葉に、お母様の目から大粒の涙が溢れました。スタッフさんも全員がお店に出て、一緒になって涙を流し、お祝いしたのです。

「長年望んでいた子宝にやっと恵まれた」。お子様が生まれてまもなく、「主人の転勤で親しい友人もいない初めての土地で子育てをしている」。予約をいただいた時の何気ない会話からお母様への労いの一言が生まれたのではないでしょうか。

お客様への気遣い、お客様の立場になって「もっと喜んでもらいたい」。お客様を大切に思う「たこまん」の企業理念とスタッフの気持ちが相手の心に沁みる一言になるのです。

お客様への感謝の気持ちがあれば

もう一つご紹介するのは、まったく逆の例です。

ある大学の経営学部の教授が、ホスピタリティの会合で名刺交換をした大手企業の社長から美術館の招待状をいただきました。社長直々のご丁寧な挨拶状には「ご来訪いただき、何かお気づきの点などあれば、ご教示を賜りたい」とのメッセージがありました。大手企業の関係する財団法人が運営している美術館のものです。それは東京からクルマで一時間半ほどの観光地にありました。初夏のドライブを楽しみながら訪れることにしました。

ホスピタリティに対して意識の高い会社、サービス業、そして社長名での招待状。当日は友人と二人で、絵画とサービスそしてホスピタリティ体験の期待を胸に出発しました。

自然の景観と調和した美術館は予想以上に素晴らしいものでした。出展されている絵画、ご案内いただいた学芸員も申し分ありません。美術館に併設されたレストランで昼食をとりましたが、広い開口部から新緑の森が美しく、スタッフの対応、そして提供された料理も洗練され満足のいくものでした。

そんななかで美術館の受付スタッフの対応だけに物足りなさを感じました。物足りなさというか、ここまで整っているのにもったいない、そんな感じです。

美術館の入口はホテルのフロントのようなかたちです。そこで、招待のご案内の入った封筒を提示するのですが、まったく事務的です。封筒に書かれた住所をみれば遠方から来たことは一目瞭然です。教授は社長から直々にいただいたのですが、招待状は優良顧客などにたくさん送られていることと思います。

お客様への感謝の気持ちさえあれば「遠方からご来館ありがとうございます」「ご愛顧ありがとうございます」と、何か言葉をかけることができるはずです。

そして封筒にちょっと工夫さえすれば、

「○○様、お待ちしておりました」

「いつも、社長がお世話になっております」

そんな、もてなしの言葉でお迎えできるのです。

箱があまりにも立派でしたので、中身への期待がより増幅されたのかもしれません。スタッフは、美術館は独立した財団法人、親会社とは関係ないとでも思っているのでしょう。教授は、残念な気持ちで帰路についたとのことです。

心に沁みる一言。絶えず相手のことを考え、工夫すれば、決してむずかしいことではありません。

社員満足を超える顧客満足は得られない

ES・社員満足＞CS・顧客満足。

社員満足と顧客満足を数式で表記すればこうなります。

どんなに素晴らしいサービス・商品があっても、お客様と接する社員のモチベーションが高くなければお客様には伝わりません。

このようになっていなければ、お客様にご満足いただけるサービスもホスピタリティも発揮できないのです。

挨拶一つとっても、絶えず不満を抱えて仕事をしていたのでは、心からの笑顔でお客様をお迎えするなど無理なことですし、まして、お客様に対する温かな気配り、心配りなどを望むことなどできるわけがありません。社員満足があってはじめて顧客満足が達成されるのです。

有給休暇消化率二一年連続一〇〇%

ワークライフ・アンバランスな日本のなかで、信じられないかもしれませんが有給休暇消化率一〇〇%を二一年連続して達成している企業があります。北海道帯広市にある六花亭製菓株式会社です。従業員数はパートを含め一三四五名、六花亭グループの年商は一八八億円（二〇一〇年三月期）、この売上げは東京都に支店をもたない製造業として日本一だそうです。経常利益は一五億円（二〇一〇年三月期）を計上、帯広市の本社工場のほか北海道内に六〇店舗以上を展開しており、主力商品であり売上げの四〇%近くを占めるマルセイバターサンドは北海道の銘菓として高い人気があります。

厚生労働省の「平成二一年就労条件総合調査」による労働者一人平均年次有給休暇の取得状況では、全企業の平均は四七・四%。

業種別では電気・ガス・熱供給・水道業が七四・四%といちばん高く、製造業が五四・五%、建設業三八・九%、卸小売業が三四・三%、宿泊・飲食サービス業が二九・四%といちばん低くなっています。そして金融・保険業は四一・二%と平均を下回っています。

そんななかでの取得率一〇〇%は驚くべき数字です。有給休暇消化率は一〇〇%だけど、週休は一日ではないのか。そんなことはありません。週休二日制で年間休日一〇七日（二〇一〇年度）。そして有給休暇は勤続年数により最高二〇日間のほか、バースデーとメモリアルデーが年各一回付与されます。

有給休暇を一〇〇％消化するために、掛け声だけでなく、有給休暇や休日を利用した最長二週間の社員旅行を社員が企画して仲間を募って実施し、旅費の一部を会社が負担するなどさまざまな工夫がされています。

六花亭の特色は有給休暇消化率一〇〇％だけではありません。「一人一日一情報制度」というおもしろい制度があります。「仕事も遊びも一生懸命」がキャッチコピーになっていて、ホームページにも紹介されています。

すべての社員、パートさんは、「一人一日一情報制度」を提出できる権利をもっています。仕事の改善・提案、お客様からのご注意、個人的な悩みなど、テーマは自由。翌朝にはトップがすべて目を通し、翌日の社内日刊新聞「六輪」に掲載され、提案として検討したり、商品開発のヒントとして有効に取扱いされています。

そのほかにも優秀な成績をあげた社員を表彰する「最優秀社員賞」「最優秀新人賞」、優秀な成績をあげた職場を表彰する「月刊ＭＶＰ」、その月に活躍した数人を選んで役員がホストとなって祝宴を開く「今月の人」、仕事や遊びにおいて晴れ舞台に立った人を表彰する「ザ・晴れ晴れ」など、社員にスポットライトを当てるさまざまな仕組みがあります。

高い評価を受けている企業は、高いモチベーションをもった社員に支えられています。そして、その社員は企業のなかで自分が生かされていることを必ず感じています。

六花亭の高い業績は、北海道に特化した工場、店舗展開、地元の日常的な購入を重視した商品展開と価格設定など優れた経営戦略と、ご紹介したようなさまざまな取組みがもたらす社員の高いモチベーションに支えられているのです。

六花亭は素晴らしいと思うけど、ここまではできそうもない。多くの方はそう感じると思います。たとえば、有給休暇の取得率を社員の数を基準とした規模別でみると、社員一〇〇〇名以上の企業の取得率が五三・七％といちばん高く、三〇名以上九九名以下の四〇％を大きく引き離しています。福利厚生などでも、大手ほど施設面では手厚くなっているのは間違いのないことです。そして、大きな問題である給与・賞与など処遇面でも違いは歴然としています。

それでは、小さな企業の社員満足は大手企業の社員満足を上回ることはできないのでしょうか。そんなことはありません。それぞれの企業が置かれている状況のなかで、もてる力のなかでどれだけ社員を大切にしているか、問われるのは、その思い、社員に対するホスピタリティです。

賞状はオーダーメイド

六花亭のように多彩な表彰制度はないかもしれませんが、どこの金融機関でも店舗や営業担当者の業績表彰制度があるのではないでしょうか。巣鴨信用金庫にももちろん業績表彰があるのですが、数字、営業成績とは違った表彰も行われています。「ホスピタリティ・アワード」です。

巣鴨信用金庫では「喜ばれることに喜びを」をモットーに、まず、お客様に喜んでいただくことから始めようと、お客様を起点にしたさまざまな商品・サービスをご提供してきました。

そして、二〇〇六年から、お客様によりご満足をいただくためにホスピタリティへの取組みをスタートしました。そんななかで従来の賞を見直して生まれたのが「ホスピタリティ・アワード」です。

対象は幹部職員を除く、パートさんを含めた職員全員です。巣鴨信用金庫の職員の温もりのある対応や商品・サービスが少しずつ評価をいただけるようになりましたが、その評価は毎日の活動のなかで職員のお客様への気配り、心配りが積み重なって生まれたものです。

そんな日頃の活動にスポットライトを当て、お客様に喜んでいただいている職員、職員を縁の下で支えている職員を、各部店現場からの推薦で選考しています。そして、年に一度、全職員が集まる機会に賞状、賞金を授与して表彰しています。

毎年四〇名前後が表彰されますが、表彰対象となった理由は各自さまざまです。表彰状は創合企画部で作成していますが、表彰内容にあわせて、四〇名であれば四〇通り、四二名であれば四二通り、表彰者の数だけ一枚一枚個別に文章を考え作成しています。手間はかかりますが、職員は現場で頑張っているのですから、それを支える本部がそのくらいのことをするのは当然です。まして、「ホスピタリティ」は全員一律ではなく個別対応なのですから。「大変ですね」そんな声を聞きますが、それが流儀になれば大変ではありません。むしろ、どんな言葉で表現したら喜んでもらえるか、あれこれ考えることも楽しみになります。

六花亭も巣鴨信用金庫もＥＳ向上を目指して、さまざまな取組みをしていますが、一朝一夕にできあがったものではありません。長い時間をかけ、時には失敗もしながら試行錯誤していまのかたちになっているのです。

企業がもてる力のなかでどれだけ社員を大切にしているか、問われるのは、その思い、社員に対するホスピタリティです。コストなどかかりません、まずできることから始めることが大切です。

サービスvsホスピタリティの顧客満足

ここで顧客満足の質について触れておきたいと思います。サービス・商品とホスピタリティとでは顧客満足の質がまったく違います。

サービス・商品は顧客側からみれば対価を払いうるものです。そして、対価を基準にそのサービスや商品の質が測られます。

自分なりの価値判断のなかで予想していた水準を満たしていれば、こんなものかと納得します。

逆に予想を裏切られれば、損した気分になります。

そして予想を上回っていれば、お得なサービス、よい商品となり顧客満足につながります。バーゲンセールなどで定価の三〇％オフなど、お得感が満足につながり、ロイヤリティを向上させることにもつながります。

それでは、ホスピタリティの顧客満足とはいったいどんな状況でしょうか。

金融機関の窓口での対応で申し訳ありませんが、こんな例で説明をさせていただきます。

女性のお客様が定期預金の解約にご来店されました。お急ぎのようです。金額は一〇〇万円、解約理由は交通事故で入院されたご主人の医療費です。右足の複雑骨折で一カ月程度入院されるとのこと。なじみのお客様ではありませんでしたが、運転免許証で本人確認に問題はありません。

金融機関の店頭で日常的にこんなやりとりがされているはずです。

行員は定期預金解約手続のルールに沿ってスピーディーに対応し、現金を準備しました。

そして、現金とともに、「どうぞ病室でお使いください」「お大事に」の言葉を添えて、サービス品の袋に入れたタオルとウエット・ティシュを差し上げたのです。

お客様は、ちょっと驚いた表情をみせましたが「ありがとうございます」と感謝の言葉を残してお帰りになりました。

金融機関の店頭で、解約したのにサービス品。お客様はまったく予想されていなかったことと思います。

解約は本人確認など行員としては緊張する対応ですが、実はお客様のほうがもっと緊張してご来店されているはずです。そして、夫の入院は家族にとっては一大事です。何か問題を抱えている時、そんな時の親身の対応は確実にお客様の心に届きます。

ホスピタリティの顧客満足は、サービスによる「ちょっとお得な」顧客満足とは、異次元といっていいほど質がまったく違います。目先の損得ではないのです。クレジットカード会社のＣＭ

に「お金で買えない価値がある」そんなコピーがありましたが、まさに、お客様の予想を超える、期待を超えるものです。

ホスピタリティの顧客満足は「顧客感動」「顧客感謝」と呼べるものです。そして、そこからサービスの顧客満足とは比較にならないロイヤリティが生まれます。

ホスピタリティとリーダーシップ

第1章で、ホスピタリティは時代のニーズだ、ということを述べました。金融機関においても単にボリュームを追いかける時代は終わりました。また、あらゆる業種で商品の供給が需要を上回る時代となり、サービス経済・サービス社会の限界がみえてきたように思われます。それでは企業がホスピタリティを追求するうえで求められるリーダーシップとは、どんなかたちなのでしょうか。

ホスピタリティとリーダーシップのあり方を考えます。

地方都市でサービスが評価されている中堅の家電販売業A社の話です。A社は創業記念のイベントとして、社長の発案で、応募者のなかから抽選で二〇〇名のお客様に豪華一泊温泉旅行が当たるキャンペーンを行いました。

温泉旅行はバス四台で本社前から出発です。早朝の出発でしたが担当の社員が数名出てバスの見送りをしました。帰りは社長からの指示で、各営業所の所長や幹部合わせて三〇名ほどが本社前で迎えることになりました。

翌日、朝は晴れていたのですが、帰りの時間には強い雨が降るあいにくの天気となりました。バスが本社前に到着すると大勢の社員が待機していた本社ビルからわれ先に飛び出し、バスと本社ビルの間の歩道を埋め尽くし出迎えました。

さすがサービスが評価されている素晴らしい会社の素晴らしい対応と思われたでしょうか。

実はこのときトラブルが発生していたのです。迎えに出た社員たちは傘を差して歩道を埋め尽くすかたちになり、歩行者からクレームが出ていたのです。

通行人「この歩道はお前の会社のものか」

社員　「すみません。お客様をお迎えしております」

通行人「お客のためなら人の迷惑など考えないのか」「A社はそういう会社なのか」

と叱責されていたのです。

A社はサービスが評価されている会社といいましたが、サービスの語源が奴隷、使用人からきているように、サービスは仮想の上下関係のなかでお客様に対して全員一律、制度やマニュアルに沿って行えばいいのです。マニュアルを覚えていれば、社員はあれこれ考える必要はありません。

商品・サービス、制度をつくり、それを強いリーダーシップで取り組めば表面的には徹底できるかもしれません。今回のことも社長の指示で出迎える。その意識ばかりが強調されて企業としての社会的な立場などが疎かになり、バランスを欠いたのです。

物が絶対的に不足していた戦後の混乱期、復興期には、トップダウンで企業を牽引していく強い経営者が求められました。時代は変わり、物が溢れ、サービスや商品の質が問題となり、接客も含め個々のお客様の満足度をいかに高めるかが課題となっています。

ホスピタリティにマニュアルはありません。個々のお客様の顔をみて、要望をくみ取り、さまざまな条件を勘案し、その場で至高の対応をするのです。いちいち上司の指示を待ってはいられません。その場でお客様と相対している社員自身が答えを出さなくてはなりません。一人ひとりが自分の責任で答えを出すのです。

企業の方向性、経営理念は経営者が決定すべきものです。しかし、経営者がすべてのお客様と相対することはできません。現場を支える多様な人材が求められています。

ホスピタリティを実践するためには、理念の浸透を図ると同時に、社員の意識を高め、社員の能力を引き出すことが必要です。そして、社員が日頃から自分で考え、自分で決断し、自分で行動できる全社員参加型の社風でなければなりません。

経営者は企業の進むべき道を明確に示し、そのための体制を整え、人材を育成する。経営者が事細かなことまで決定する強すぎるリーダーシップは、時としてホスピタリティの障害になることを忘れてはなりません。

社員・職員の力を引き出すエンパワメント

前項では、ホスピタリティを考えるうえでリーダーシップのあるべき姿を紹介しました。マニュアルに沿った定型的なサービスから抜け出して、お客様のご要望に沿ったホスピタリティに転換するためには、お客様と接する第一線の社員の意識を変えなくてはなりません。それでは、お客様と相対している社員自身が考え答えを出すために何が必要なのでしょうか。

社員のＣＳへの意識を高める提案制度、成功事例を社員が共有する制度、優秀な社員を称える表彰制度などさまざまな手法がありますが、ここでは、お客様と接する社員の力を引き出すためのエンパワメントを紹介します。

巣鴨信用金庫の窓口担当者（以下「テラー」）は、お客様のためにテラーの判断で使えるホスピタリティ経費を与えられています。この制度は、プレミアムホテル・ザ・リッツ・カールトンがお客様をもてなすために設けている仕組みをアレンジして取り入れたものです。大手行とは違い、信用金庫では多数の営業担当者が活動しています。営業が担当するお客様に対しては冠婚葬祭などきめ細かな対応がなされているが、それに比較すると窓口が担当するお客様に対する配慮が足りないのではないか。窓口でもお客様にきめ細かな心遣いをしよう。そんな思いを込めて、数年前にお客様に喜んでいただくための経費として、制度化されました。金額は決して多くはありませんが、いちいち上司の許可をとらなくてもテラーの判断で使えるようにしたのです。

制度を設けた当初は、どんなふうに利用するのか試行錯誤がありましたが、事例を共有化していくうちに、成功事例も散見されるようになりました。

こんな例があります。制度化されまだ日が浅い頃のことです。私は所用で担当している店舗に出向きました。約束した時間より早く着いたこともあって支店長は外出していました。支店長席を借りて、書類に目を通していたのですが、支店のテラーが手に何かもって私に話しかけてきました。手にもっていたのは、お客様からいただいた感謝の手紙でした。

二週間ほど前、テラーはいつもご来店いただくお客様から「女手一つで育てた娘の結婚式が迫っている」そんな話を聞きました。結婚のお相手は韓国の方、娘の結婚は嬉しいが、結婚すれば娘夫婦は韓国で暮らすことになる。テラーには喜びと寂しさで複雑な心境にある母親の気持ちが伝わってきたそうです。

テラーはお母さんへのお祝いを準備しました。ホスピタリティ経費を使って白いフレームのフォトスタンドを送ったのです。「おめでとうございます。どうぞ娘さんの晴れ姿を飾ってください」そんなお祝いのメッセージを添えて。

テラーからのまったく予想もしていなかった心遣いに、お客様の喜びは感動に近いものがあったようです。

お客様は娘さんの韓国での結婚式を無事に終えられました。そして、今日、テラーへの手紙と韓国土産を携えてご来店いただいたのです。手紙にはテラーの温かな配慮に対する感謝の気持ちが綿々と綴られていました。

お客様はテラーの配慮に感激し、そしてテラーはお客様からいただいた心遣いに感激して目が潤んでいました。小さな感動の連鎖です。

ホスピタリティ経費は、日頃ご愛顧いただいているお客様への感謝の気持ちを少しでもお伝えしたい。そんな気持ちをかたちにするために使われています。テラーの思いがお客様へと伝わり、お客様の笑顔と「ありがとう」の言葉が、またテラーを後押しして、小さいけれど温かな感動の輪が広がっています。

ホスピタリティ経費を媒介にお客様の立場に立って考え、行動する機会をつくりだしています。そして、それを繰り返すうちに、自然に身についていくのです。


このような取組みをしているのは巣鴨信用金庫だけではありません。スーパーマーケットでも同じような取組みをしているところがあります。

スーパーではレジで会計をすませば、それ以後、商品はお客様のものとなります。商品をレジ袋や持参したエコバッグに入れようとして、一緒に来店されたお子さんが商品を落としてしまうことがたまにみられます。落としても大丈夫なものならいいのですが、玉子のパックなど落ち方によっては何個か割れてしまい、お子さんの声や、泣き声が響くことがあります。

このスーパーではこんなとき、騒ぎに気づいたスタッフが商品を新しいものに変えて差し上げます。一つ二つ割れていても、ほかの玉子は店内の厨房で利用できますから、大きな出費にはなりません。お買い物をしたお客様に気持ちよくお帰りいただきたい、そんな気持ちを込めて始まりました。

お客様へちょっとした心遣いができるようにする。それは経費だけとは限りません。こんなスーパーであれば、レジの途中で傷んだ商品が籠のなかに混じっているのを見つけると、「同じものを取ってまいります」とすぐ行動に移せるようになるのではないでしょうか。

そんなお客様への心遣いが信頼につながり、ロイヤリティの高いお客様を生み出す要因になるのです。

総務課・大谷係長

ここまで、ホスピタリティに取り組む場合の注意点について紹介してきましたが、本章の最後はこんな話を紹介して締めくくりたいと思います。

巣鴨信用金庫では、二〇年近く前から地元巣鴨のお地蔵様の「四の日」の縁日に本店三階ホールをお客様に開放し、特製のお茶とせんべいで一息入れていただく「おもてなし処」を開催しています。いまでは、毎回三〇〇〇名を超えるお客様にご来場いただく、巣鴨の代表的なイベントの一つになっています。

巣鴨信用金庫と同様に自社工場内の緑地を地域住民に開放し、喜ばれている洋菓子メーカーが、ある町にあります。

洋菓子メーカーA社の工場がこの町に進出した当時は工場付近には空き地が多かったのです

が、駅に近いこともありいまや工場の周りは住宅が立ち並んでいます。周辺に公園が少ないことから、地域住民から四、五年前に敷地内緑地開放の要望を受けました。A社は駅前に直営店を出店していることを考慮して、顧客サービス、地域貢献の一環として週に二日、水曜日と木曜日に同社で「憩いの森」と呼んでいる緑地を開放することにしたのです。

正門から工場へ続く誘導路の右は駐車場、そして左に三〇〇〇㎡ほどの「憩いの森」が広がっています。緑地内は、樹木が植栽され刈り込まれた芝生のなかに、花壇、散策路、そして所々にベンチも設置されています。通常は社員が昼などに一息入れる休憩場所となっていました。

この「憩いの森」を管理しているのは、工場の総務課です。開放日の管理も当然、総務課の仕事になり、係長の大谷さんが担当しています。

開放当初は、以前はなかったトイレを利用者のために設置したり、入口に簡単な利用ルールを告知する看板を設置するなど準備もありましたが、定着化したいまは特別な課題はありません。ただ、敷地内で何か問題が発生すれば会社の信用にもかかわります。ガードマンもいますが、大谷さんも一〇時に開放し一六時に閉鎖する間に数回見回り、心ない利用者が置いていったゴミなどの片付け、立入禁止の芝生に入っている利用者への注意などに気配りしています。

十数本植えられた桜が満開となり「憩いの森」がいちばん華やぐ、ある開放日のことです。近くの保育園児のお散歩やお年寄りなど普段の数倍の利用者で、ベンチも満席となるほどの賑わいです。大谷さんはいつものように「憩いの森」を巡回して、工場の裏手に回り、通用口から職場へ戻ろうとした時、そこに利用者がいることに気がつきました。

それぞれ三歳前後のお子さんを連れた若いママさん二人が、開放日に「憩いの森」を使えない社員のために設けられたベンチでお弁当を広げようとしていました。どうやら、「憩いの森」から続く工場脇の細い通路を通ってここへ来たようです。通路には、関係者以外立入禁止の札が立っています。こんなことは開放以来初めてです。

大谷さんは、「こんにちは」と声をかけながら近づき、ここは立入禁止であること、看板も立ててあること、社員用であることを丁寧に伝え、「憩いの森」へ移るよう促しました。若いママさん二人は、「看板には気がつかなかった」「憩いの森のベンチがいっぱいだったので」と言い訳しましたが、広げていたお弁当をたたんで泣きそうなお子さんを連れ移動して行きました。

大谷さんは、ルールのもとで円滑に「憩いの森」を利用していただけるよう、通路に扉をつけるか、看板を大きくしなくては、そんなことを考えながら職場に戻りました。

これと同じようなケース、皆さんの職場でもありませんか。きちんとルールを決めてあるのに、お客様のなかにルールを守らない人がいて困りますね。サービスはルールやマニュアルを守って提供する。そんなことサービス社会では当然のことですね。

でも、違う選択肢も存在します。このケース、こんな解決の仕方はできないでしょうか。大谷さんが若いママさんを見つけるところから再スタートです。

大谷さんは、「こんにちは」と声をかけながら近づき、ここは立入禁止であること、看板も立ててあること、社員用であることを伝え、「憩いの森」へ移るよう促しました（ここまでは同じです）。

若いママさん二人は、「看板には気がつかなかった」「ベンチがいっぱいだったので」「ベンチを探してここを見つけた」と言い訳しました。ママさんの手元には広げていたお弁当がありました。ママの危機を感じたお子さんはいまにも泣き出しそうです。

大谷さんは時計をみました。まだ一一時です。社員がここを使うまでには一時間ほどあります。

大谷「一二時には社員がここを使います。四〇～五〇分でお昼を食べていただけますか」

ママ「ありがとうございます。ご迷惑をかけないよう早く食べて移ります」「よかったね〇〇ちゃん。早く食べようね」

大谷「もしだれか来て、注意されたら、大谷に今日だけ許可をもらったといってください」

大谷さんは、ルールのもとで円滑に「憩いの森」を利用していただけるよう、通路に扉をつけるか、看板を大きくしなくては、そんなことを考えながら職場に戻りました。

このケース、実際は前者の大谷さんでしたが、あなたは、どちらの大谷さんですか。

大谷さんは総務課の係長として管理を担当しています。明確な権限などないかもしれませんが運営を任されているのです。後者の大谷さんは、ルールを逸脱していますが、「ここまでなら自分に任されている範囲で責任を負える」そう考え、自分の責任のもとで最良の選択をしたのです。

サービスは
「いつでも、どこでも、だれにでも」ルールに沿って全員一律。
ホスピタリティは
「この時、この場、この人だけに」目の前のお客様に応えます。

社員がすべて、後者の大谷さんのようになれば、企業の評価は様変わりするはずです。

ちょっと
コーヒーぶれいく

京都のおもてなし――場所のホスピタリティ

「社長塾」の名称で開催されている京都での勉強会で講演をさせていただきました。全国から集まった一〇〇名を超える社長の熱心さ、会の運営も素晴らしかったのですが、特に、会場に到着してすぐに受けたお抹茶と和菓子のおもてなしに感激しました。

主催者である株式会社日本創造教育研究所・代表取締役会長・川本貴美枝氏とスタッフの方からお茶をいただいたのですが、お二人とも着物姿でした。

同社では東京などでも勉強会を開催していますが、京都には京都にふさわしいおもてなしがあるとして、京都では和服をお召しになっているとのこと。

当日は強い雨、和服での移動は楽ではありません。心を込めたおもてなし、こだわりが伝わり、京都を訪れたことを実感した瞬間でした。

お抹茶と和菓子

第3章

実践的ホスピタリティ・マネジメント

「鬼」の宅配いたします

静岡県浜松市に新聞店とは思えない新聞店があります。配達しているのは新聞だけではありません。節分には「鬼」に「豆」までつけて、そしてクリスマスには「サンタクロース」を宅配します。驚きはそれだけではありません。

そんな柳原新聞店にお伺いしました。柳原新聞店の代表取締役・柳原一貴氏と初めてお目にかかったのは、ベストセラーとなった『日本でいちばん大切にしたい会社』（あさ出版）を執筆された法政大学大学院政策創造研究科・教授坂本光司氏が地元静岡で主幹されている「中小企業経営革新フォーラム21」の二〇一〇年一月の勉強会でした。

当日は「巣鴨信用金庫のCS・ESとホスピタリティへの取組みについて」をテーマに講演をさせていただきました。講演後、懇親会に出席させていただき参加された約二〇〇名の経営者の皆様と情報交換をさせていただきました。名刺交換をさせていただいたなかに「私どもも巣鴨信金と同じで、新聞のデリバリー業ではなく、自らを生活情報サービス業と位置づけ取り組んでいます」とご挨拶をいただいたのが柳原新聞店の柳原社長でした。

その後、ご自身が東京で参加されている、CS・サービス向上研究会にもお声をかけていただくなど交流が続きました。

柳原社長の熱心さには感銘を受けたのですが、正直にいって生活情報サービス業といっても新聞宅配業務のなかで何ができるのかまったく想像がつきませんでした。どんな取組みをしているのか期待を胸にお伺いしたのですが、その取組みの素晴らしさに感服しました。まさにホスピタリティです。ご紹介させていただきます。

■ ■ ■ ■ ■

新聞店は顧客数が二〇〇〇軒あれば成り立ちます。同社は顧客数二万軒、一〇店舗を有する県西部の大手販売店です。

バブル崩壊後、失われた二〇年といわれる厳しい経済環境のなかで新聞業界も例外ではなく販売部数の減少傾向が続いています。また、販売店収入の四割近くを占める折込チラシもピーク時の七割程度まで落ち込んでいます。厳しい状況のなかで、柳原新聞店でも販売部数拡張のために営業力のある社員を優遇する時代が長く続きました。新規の顧客をとってくる営業力がある社員なら、配達などで多少迷惑をかけたりしても、たとえ態度が悪くても黙認していたのです。販売拡張を優先し社員の評価も営業成績だけで行っていましたが、新規をとっても苦情などでの解約もあり、結果的に購読部数はふえることはありませんでした。

柳原新聞店は実父の代から新聞店を営んでいます。自宅が販売店を兼ねていましたので、配達をもらしてお客様に怒鳴られたり、苦情の電話なども身近で体験しており、人から叱られるような商売はしたくない、子どものころからそんな思いも抱いていました。実父から実質的に経営を継承する時を迎え、経営セミナーなどで学びながら構想していたCSを重視した経営に転換する決断をしました。

「心で届ける、心を結ぶ。」を合言葉にCSを重視しお客様を大切にすることを経営方針として掲げ、それにあわせて人事評価の方法も転換、結果よりプロセス、お客様をどれだけ大切にしているかなど「仕事の質」で評価するように変えたのです。

お客様アンケートなども取り入れました。そこにはもちろん苦情もありましたが、新規勧誘の力はそれほどでなくても、配達先のお年寄りの家庭で電球を取り換えたり、お客様に親しまれ愛され信頼されている社員が数多くいることがわかり意を強くしました。

会社のミッション、ビジョン、社員憲章、合言葉などについて、社長自身が骨子を考えましたがトップダウンで決めてしまうのではなく、生活情報サービス業としてどうあるべきか、何が大切で何が足りないかを、若手社員を中心にブレーンストーミングを行うことによって方向性を確認したうえで決定しました。

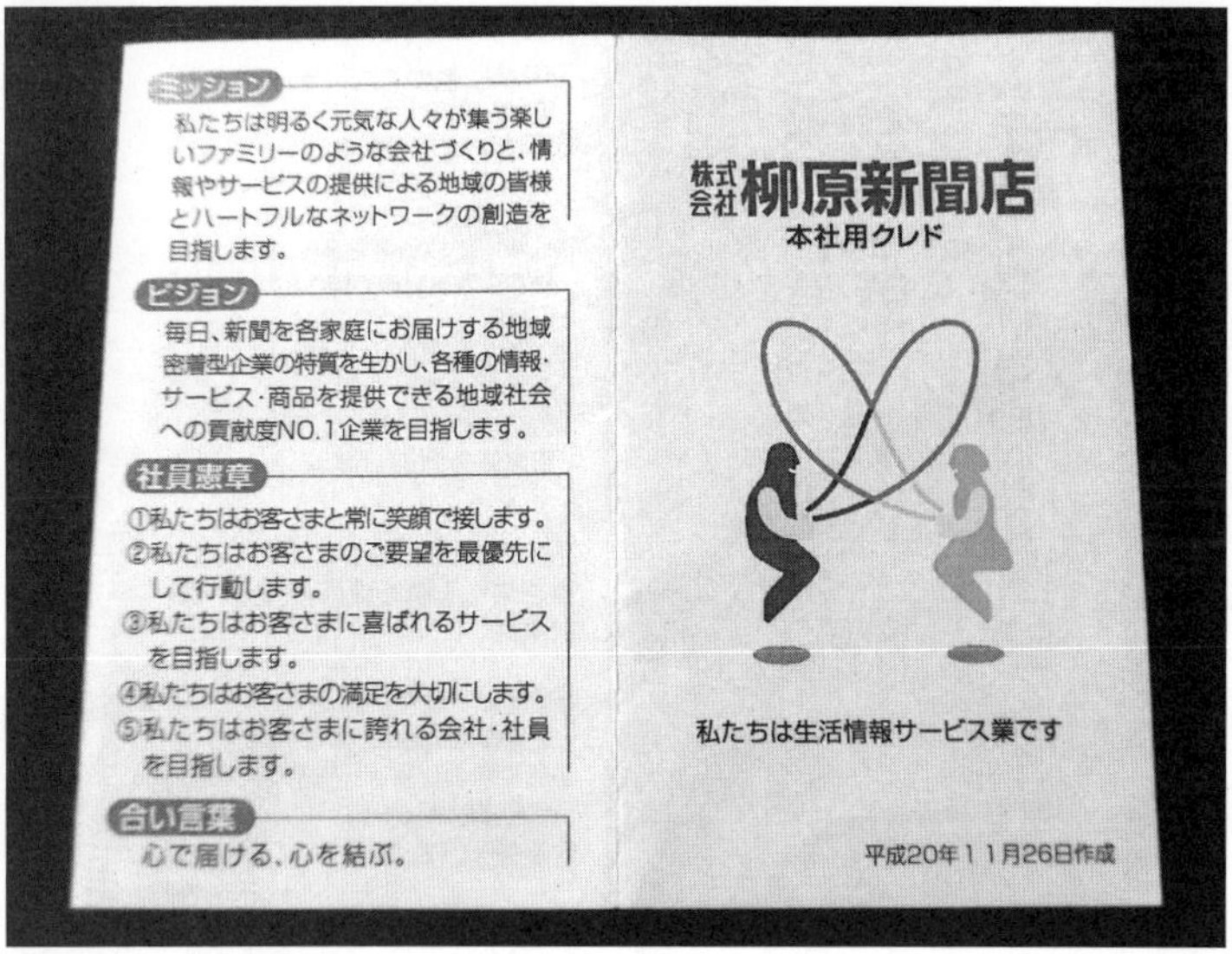

ミッション
私たちは明るく元気な人々が集う楽しいファミリーのような会社づくりと、情報やサービスの提供による地域の皆様とハートフルなネットワークの創造を目指します。

ビジョン
毎日、新聞を各家庭にお届けする地域密着型企業の特質を生かし、各種の情報・サービス・商品を提供できる地域社会への貢献度NO.1企業を目指します。

社員憲章
①私たちはお客さまと常に笑顔で接します。
②私たちはお客さまのご要望を最優先にして行動します。
③私たちはお客さまに喜ばれるサービスを目指します。
④私たちはお客さまの満足を大切にします。
⑤私たちはお客さまに誇れる会社・社員を目指します。

合い言葉
心で届ける、心を結ぶ。

株式会社柳原新聞店
本社用クレド

私たちは生活情報サービス業です

平成20年11月26日作成

柳原新聞店の本社用クレド

親しまれるイベント

社員は全員、CS向上委員会、イベント委員会など五つあるなんらかの委員会に所属しています。

そんな委員会活動のなかから「サンタクロース」や「鬼」の宅配は生まれました。お客様のリクエストを受け、クリスマスにはサンタクロース姿で、節分には鬼のふん装をして豆をもち、家庭や子ども会の集まり、老人ホームなどに出向くサービスを始めたのです。

柳原新聞店では朝夕刊のセット契約がメインです。配達担当は、朝刊を午前二時半から約四時間、夕刊を午後二時半から約四時間で行う、一日二回の変則勤務です。そのため、パートやアルバイトではなく、すべて正社員によって新聞配達が行われています。社員は担当地域の配達、集金、管理を行いますから決して楽ではありません。

「サンタクロース」や「鬼」など、初めは「新聞店がなんでこんなことまでするのか」と疑問を投げかける社員もいましたが、子どもたちやお年寄りの笑顔や感謝の言葉に接するなかでそんな声はあっという間に消えていきました。

鬼を演じる社員は、その日は鬼に専念します。新聞の配達など、その人の仕事は社員みんなが協力してカバーするのです。今年の節分には一組三名で四組、計一二名の鬼がリクエストのあった幼稚園、老人ホーム、個人宅など八五カ所を訪問、イベントの参加者は一二〇〇名に達しています。

柳原新聞店では「クリスマス」や「豆まき」だけでなく、「七夕」「お月見」など毎月のように委員会で検討されたイベントが開催されていています。

ポスティングは戸別対応

驚きはイベントだけではありません。本業である新聞配達は完全に個別対応（戸別対応）です。新聞は自分たちがポストに入れやすいかたちで配達するのではなく、お客様がとりやすい折り方、破れにくくとりやすい向きまで考えて投函されます。自分たちの都合、配達の効率ではなく、お客様本位が徹底されているのです。

たとえば、公団住宅などではドアにポストがついています。お客様のなかには朝、「新聞をポストに落とし込むとバンというフラップが閉まる音で赤ちゃんが起きてしまう。新聞は落とし込まないでフラップに挟んで！」そんなお宅もあります。それとは逆に、「ドアポストには挟んだままだと冬は冷たい風が入る」「夏は虫が入るので、きちんとなかに落とし込んで」など、お客様の要望は千差万別です。柳原新聞店ではお客様の希望、事情にあわせてどんなふうにポスティングするのか戸別対応しています。

社内のミーティングで先輩からこんなノウハウが披露されました。「新聞を受け口に水平に入れ、なかに落とさずに水平のまま斜（はす）にしてポストの隙間を埋める。そうすればバンと音もせず、風も虫も入らない」成功事例やノウハウは全員が共有し生かされています。

セーフティーネット

朝刊を配達に行くとドアの鍵が鍵穴に差し込まれたままになっていることがあります。そんなことめったにないだろうと思うかもしれませんが、ほとんどの社員が経験する、よくある話です。

こんなときどうするか、マニュアルはありませんが、見て見ぬふりをすることは決してありません。「失敗はあっても積極的にお客様にかかわっていこう」それが柳原新聞店のモットーです。対応は一律ではありませんが、たとえば、鍵を抜きポストに入れ、メモをつける。お客様が起きる時間を見計らって電話するなど、お客様の状況にあわせていちばんの方法で対応するのです。

朝刊を配達に行くと前日に入れた新聞がそのままになっていることがあります。お客様が配達一時止めの連絡を忘れて小旅行に出かけたのなら問題はないのですが、老人の孤独死が話題になる時代です。独り暮らしの高齢者のお宅では、ちょっと心配です。

これもマニュアルなどありませんが、「どうしたらよろしいでしょうか?」など本社に指示を仰ぐようなことはありません。社員一人ひとりが考え、必ずなんらかの確認をします。配達担当者はすべて正社員です。配達している地区の集金も営業も地区管理も任されています。金融機関と違い、同じ地区を二〇年近く担当している社員もいます。三〜五年と同じ地域を担当していると、お客様の事情もある程度わかります。

たとえば、そのお宅のご親戚や親しい友人を知っていればそこに連絡します。緊急性を感じて警察に連絡して来てもらい一緒に家のなかに入り、倒れていた家人を助けた。実際にそんな事例もあります。

エムズ倶楽部　城北店

新聞のデリバリー業務を通じて地域のセーフティーネットの役割を果たしている姿は、地域密着を模索している信用金庫など金融機関の参考になるのではないでしょうか。

カルチャーサロン

お店に親しみをもってほしい、お店に来ていただけるようになれば、もっとお客様に近づけるのではないか。柳原新聞店ではエムズ倶楽部の名称で本社を入れて四つの会場でカルチャーサロンを開いています。現在一〇〇近くの講座があり、大手のカルチャースクールに匹敵するプログラムを提供していますが、あくまでも少人数で楽しみながら参加できる講座を目指しており、「スクール」ではなく「サロン」と呼んでいます。

ただ場所を提供するのではなく、講座の運営には必ず本社スタッフがかかわります。一般のカルチャースクールは一年分、半年分の受講料の前払いが普通ですが、柳原新聞店のカルチャーサロンは一回一〇〇〇円のつど払いです。手間はかかりますが、お客様に余分な負担はかけません。必ずスタッフがかかわっていますから、生徒さんの誕生日にはお祝いするなどアットホームな運営がなされています。

お客様のなかにもお花、お茶などさまざまな資格や特技をおもちの方がいらっしゃいます。そんな方には自分の技能を発揮する場所として喜ばれていますが、講師希望があっても即決定とはなりません。社長か専務が必ず面接を行います。楽しみながらともに学び合うエムズ倶楽部のサロンのコンセプトにふさわしい講師かどうか確認するのです。面接の結果、資格や高い技術をもっていても上から目線の先生や、高額な教材販売を希望する利益追求型の講師はお断りしています。

新規事業を始めると早く軌道に乗せたいという思いから闇雲に拡大路線をとって失敗することがありますが、エムズ倶楽部は「楽しみながらともに学び合う」というコンセプトをしっかり守って運営されているのです。

毎月発行されるエムズニュースとファーブル。新聞店が新聞を発行しているのは、当たり前のようできわめて珍しい

カルチャーサロンの運営が評価され、いまでは静岡県の太平台高校運営のＰＦＩ事業（プライベート・ファイナンス・イニシアティブ：民間の資金・ノウハウによる公共事業）のＳＰＣ（特定事業会社）の企業の一つとして参加し、生涯学習講座の運営を担っています。

無農薬野菜の宅配・ファーブル

二〇一〇年の一二月に地域の四〇軒の農家と連携して、無農薬・減農薬野菜の宅配を「ファーブル」の名称でスタートしました。きっかけは数年前に開催した朝市でした。朝市に協力していただいた農家の方から「農家は厳しい。私たちの仕事は時給に換算したら三五〇円程度」そんな話を聞いたのです。

浜松には大手の工場もたくさんありますが、農業も盛んで、新聞配達先には農家のお客様もたくさんいらっしゃいます。本当に頑張っている農家を応援したい。農家の皆さんを主役に何かできないか。そんな思いが農家情報誌の発行へとつながり、そして農産物の宅配へと発展したのです。


柳原新聞店ではＰＲチラシ「ファーブル」を月一度発行しています。それを新聞に折り込み、電話やＦＡＸで注文を受け宅配しています。地元産で生産者の名前と顔がわかる無農薬・減農薬栽培のこだわりの野菜が中心です。そして、代金は一カ月分まとめて翌月の新聞代と一緒に集金されています。

浜松でも高齢者だけの世帯や単身世帯が増加傾向にあります。そんなお宅でも注文できるよう、トマト一個、大根一本、小松菜一束などあらかじめ小分けして販売しているのですが、大根などそれでも量が多すぎるという声には半分にカットして販売するきめ細かさです。お米は注文を受けてから精米されます。重たいお米などの宅配がお年寄りに喜ばれているようすが目に浮かぶようです。

ファーブルの野菜は新鮮で安心な地元の食材として、個人だけでなく地元の飲食店へと広がりをみせています。

■　■　■　■　■

ここまで柳原新聞店のイベント開催、個別対応のポスティング、セーフティーネット、カルチャーサロン、ＰＦＩ、野菜の宅配などさまざまな取組みをご紹介しました。それ以外にも二〇一〇年から、がんばる会社・商店応援事業として「商売繁盛セミナー」と題した勉強会を無料で開催するなどさらに拡充しています。

柳原新聞店では自分たちを単なる新聞のデリバリー業ではなく、お客様の生活を楽しく豊かにする生活情報サービス業として位置づけ、社員やお客様を大切にさまざまな取組みにチャレンジして成功を収めています。それら新規業務の根底にあるのは、地域の家庭や事業所に毎日デリバリーするという、まさに本業の強みを生かした地道な取組みです。利益を追求して、なんら関連のない不動産業などに進出するのとはわけが違います。お客様と地域を起点に、自分たちの強みを生かし、自分たちの身の丈にあわせた業務展開をしているのです。

世の中では、自分では判断しない、判断できない指示待ち社員が多いといわれています。同社の社員は違います。セーフティーネットにみられるように、お客様と接する現場ではマニュアル、ルールに沿って対応するのではなく、社員一人ひとりがその時いちばんふさわしいと思われる最良の方法で対応しています。これはサービスではなく、まさにホスピタリティの領域です。

今回、代表取締役の柳原一貴氏と専務取締役の佐藤隆司氏にお話をお伺いすることができました。お二人のお話しぶりから、経営サイドで掲げた生活情報サービス業を推進するにあたって、功を急いでトップダウンで強制しなかったこと、現場の従業員へ権限を委譲したこと（言い換えれば自主性を大切にしたこと）など、CSとESのバランスを計りながら展開したことが浸透した大きな要因であることが感じられました。

新聞店の収入はおおよそ全体の六割が新聞代金、四割がチラシ収入で構成されていましたが、景況の悪化、インターネットの普及などでチラシは大きく減少しています。また大手新聞社がネット配信を開始するなど、新聞店を取り巻く環境はきわめて厳しい状況に置かれています。そんななかで柳原新聞店ではさまざまな取組みが取引解約率を低下させ、口コミによる新規契約が好調な業績を支えています。

私は信用金庫に四〇年あまり務めさせていただきました。信用金庫の創業の精神は相互扶助と非営利です。すべての信用金庫は協同組織の地域金融機関として地域密着・地域貢献を掲げて取り組んでいますが、自戒の念も込めて、柳原新聞店ほど地域に密着した活動をしている信用金庫がどれほどあるでしょうか。

柳原新聞店の取組みには、金融機関だけではなく多くの業界が飛躍するためのヒントが隠されているように思います。

私のコンシェルジュ――プライベートバンクのホスピタリティ

二〇〇九年一一月、哲学者でホスピタリティの研究者でもある、東京芸術大学客員教授・山本哲士氏から、スイスと同国のプライベートバンクなどのホスピタリティは一見の価値がある、必ず得るところがあると強くおすすめをいただき、スイス・ホスピタリティ・リサーチへと旅立ちました。視察のメインはジュネーブにあるプライベートバンクとローザンヌのホテル大学です。教授のご案内で、普段は立ち入ることがむずかしいプライベートバンクやホテル大学の視察が実現しました。

まず、プライベートバンクからご紹介します。

金融業界に長く身を置いた私でも、スイスのプライベートバンクに関する知識はほとんどありません。同じタイプの金融機関が日本にはないこともその理由と思われますが、研究書もみたことがありません。

私が訪問したプライベートバンク入口

日本ではプライベートバンクの言葉の響きから、相続税や所得税にかかわる資金の国外への送金や秘密口座などから連想される、どちらかといえばネガティブな印象をもっている方も多いのではないでしょうか。

訪問前に山本教授から話には聞いていましたが、ジュネーブの支店に訪問してまず驚いたこと、それは建物に銀行の看板などの表示がまったくないということです。外見ではプライベートバンクとは判断できません。市内には日本の金融機関と同様に看板を出しているプライベートバンクも存在しますが、それはどちらかというと新興富裕層の取込みをねらい新規参入したプライベートバンクです。伝統的なプライベートバンクは、不特定多数の一見の客を対象として考えていないのでオフィスの看板は必要ないのです。

銀行の内部も日本の銀行とはまったく印象が異なります。一階には受付だけ、行員も一名いるだけでした。会議室に案内される前に接客スペースをみせていただきましたが、それはまるでホテルのようです。接客用のカウンター席などはありません。すべて個室の応接室での対応です

ホテルの一室のようなプライベートバンクの応接室

（写真参照）。

会議室で、私たちのために特別に準備された資料をもとに二時間ほどレクチャーを受けました。説明していただいたのは、日本の大手証券会社を経てプライベートバンクの幹部に就任している二人の日本人行員の方でした。行員の国籍も多様で、顧客もスイス国内にとどまらず世界中といっても過言ではないとのこと。顧客のなかには日本のプロスポーツ選手もいるとのことです。レクチャーの途中、エスプレッソのおもてなしを受けました。飲み物のリクエストを聞いたうえでのもてなしでしたが、まるで執事のような男性からサービスしていただきました。ホテルや高級レストランにひけをとらない、あまりの美味しさに、お言葉に甘えてお代わりをお願いするほど生涯でいちばんのエスプレッソでした。

スイスには、外資系を含め約三三〇の銀行があります。そして、プライベートバンクと呼ばれる資産運用銀行は約五〇行です。

視察に訪問したプライベートバンクは創業一五〇年あまり、資本金の八〇％強を州立銀行が出資する、財務上は準州立銀行ともいえる内容で驚くほど経営基盤は堅実です。読者のなかにはプライベートバンクとの取引を希望されるような恵まれた方もいらっしゃるかもしれませんが、日本人行員が在籍するプライベートバンクを選び、ディスクロージャーなどで内容を確認されることをおすすめします。

プライベートバンクは、法的には普通の商業銀行と同様に日常出し入れする生活口座の取扱い等も可能ですが、あえて資産運用に特化しています。同行の預り資産額（預金ではない）は四〇〇〇億円ほど、規模的には日本の信用金庫の平均預金残高とほぼ同等です。富裕層を主要顧客として、顧客一人ひとりに担当者がつき、顧客の要望に沿って資産運用にあたっています。

運用は顧客の希望に沿ってリスクのとり方を変えながら、所定の分散投資によって運用されます。分散投資が不可欠であることから、最低預入金額が一億円以上となると説明がありました。

同行の行員は一二〇名、うちお客様を担当する社員（営業職）は約三〇名。預り資産が四〇〇〇億円ほどですから顧客一人平均の預り資産を一億円強と考えれば顧客数は三〇〇〇～三五〇〇名前後と推定されます。したがって、営業職は一人一〇〇名程度の顧客を担当していることになります。

資産運用の基本は長期安定運用で、短期益出し希望のお客様との取引はお断りするとのことでした。世界中からきわめて優秀な資産運用のアナリストを五〇名以上（日本人も前述の大手証券経験者二名）集めており、そのレベルは高く、自信をもっています。

プライベートバンクの収益源泉は、口座管理料一万円相当（通信料相当）および運用手数料、元本の一～一・五％（金額・取引年数・その他で個別に決定）と自己資本の運用益です。

＊運用手数料は日本国内の投資信託の信託報酬と比べ決して高い水準ではありません。また、運用に際して申込手数料は発生しません。

私のコンシェルジュ

プライベートバンクの担当者からは、自分たちのホスピタリティについてなんの説明もありませんでした。当日の説明や雰囲気、またご案内いただいた山本教授のレクチャーから私なりに感じた、プライベートバンクのホスピタリティを紹介します。

ご存知の方が多いと思いますが、ホテルに宿泊客のよろず相談に応じるコンシェルジュという職種があります。宿泊客の要望は「素敵なイタリアンレストランを教えて」「日本人形を買いたい」「新幹線の時刻表を」など、それこそ千差万別です。コンシェルジュの対応にマニュアルがあるわけではありません。要望が多彩でマニュアルなどつくりようがないのです。そのつど、そのつど、顧客の立場に立って最高、最良の回答をするのです。

「最初からノーといわない」がコンシェルジュのコンセプトの一つです。お客様の要望どおりのものがなくても、ノーとはいいません。要望にできるだけ近いもの、同じような目的に沿ったもの、もっと素晴らしいと思える代替案を提示するのです。どんな場合でも顧客の要望に常に最大限応えようと努力するのです。

プライベートバンクの担当者の顧客対応は、コンシェルジュと同じと思っていただければ間違いはありません。

本業である資産運用においても、その精神に沿って運用されます。残念ながら国内の銀行では、よく自分たちの目標を達成するために、キャンペーンに沿って商品・サービスを販売することがあります。それは利益を優先する金融機関側の都合で、顧客の希望ではありません。プライベートバンクではキャンペーンなどありません。あくまでも顧客の希望に沿って、個別対応で運用は行われます。

取引は原則として来店を想定していますが、顧客からの要望があれば世界中どこにでも出向きます。また、生活口座の開設、ローンなどの通常は取り扱っていない商品やサービスも、万一の場合、緊急性があれば、顧客第一でそれにも対応しています。山本教授は研究活動のため年に数カ月はスイスに滞在しており、プライベートバンクとも取引があります。ある時、スイスで盗難に遭い、現金はおろかカード類まですべて失くしたことがあったそうです。途方に暮れるなかでプライベートバンクに連絡すると、ほとんど手続らしい手続もされないうちに必要な資金を手当してくれました。日本の銀行では考えられない対応です。

本業以外でもその精神は発揮されます。今回の視察旅行にあたって、ジュネーブのホテルはプライベートバンクが予約などの手配をしてくれました。それも宿泊費用など当方の希望を聞いたうえで、「前半はビジネス客の多いホテル、そして後半はスイスの情緒が感じられるホテルはどうですか」など初めてスイスを訪れる私の立場に配慮した、きめ細かな提案でした。国外の顧客を迎えることも多いのでしょう。配慮の仕方がごく自然でした。

顧客から要望があれば、ホテルやレストランなどの情報や、それこそ列車のチケット、レンタカーの確保など本業である資金運用とまったく関係ないことでも、自分たちでできることはすべて対応します。また、弁護士、会計士などありとあらゆる専門家の紹介だけでなく、時には子弟の教育についてなど顧客の身の上相談まで親身になって応じます。プライベートバンクの担当者は、顧客からすれば自分の生活、自分の生涯にかかわる「私のコンシェルジュ」といえる存在なのです。

富裕層向けの資産運用銀行であるプライベートバンク担当者のコンシェルジュ的な対応を日本でそのまま真似ることはできませんが、その対応は参考になります。

日本の金融機関の顧客も千差万別です。ATMで円滑に取引できればそれでご満足いただける顧客もいらっしゃいますが、自分が信頼している特定の金融機関に資産のほとんどを預けている数多くの顧客も存在します。

ATMでご満足いただいている顧客、資産のすべてを預けている顧客、自宅購入を計画している顧客など多様な顧客を、全員一律の画一的なサービスで満足させることはできません。

特に相互扶助、非営利の創業の精神で設立されている、協同組織の金融機関である、信用金庫、信用組合、農業協同組合、労働金庫などは、会員、組合員、優良顧客への対応として参考になるはずです。

協同組織の金融機関の強みは、お客様に近い、お客様の顔がわかる点にあります。マスを対象とした効率的な顧客対応では大手行に勝つことはできませんが、顔がわかるからこそ可能な個別対応に強さを発揮しなければ存続の意味がありません。会員、組合員、優良顧客の「私のコンシェルジュ」として顧客のためにできることは無限に広がっています。

プライベートバンクの担当者に比べ、日本の金融機関は提供できるものがあるにもかかわらず自分たちで金融サービスだけに制約している。そんなふうに感じながら帰途につきました。

ホスピタリティを掲げる――ローザンヌ・ホテル大学

スイス・ホスピタリティ・リサーチの目的の一つである、ローザンヌのホテル大学をご紹介します。

ご案内いただいた山本哲士氏によれば、ホスピタリティの分野では、理論のコーネル（アメリカ・コーネル大学）、実践のローザンヌと称されているとのことです。

ホスピタリティ産業の代表的な業種の一つがホテルです。ローザンヌ・ホテル大学はTHE ART AND SCIENCE OF HOSPITALITY MANEGEMENTを掲げている四年制の大学です。

ローザンヌ郊外の森と芝生に囲まれたアルプスの少女ハイジが出てきてもおかしくないような南向きの丘の上に、同大学は立地しています。設立は一八九三年、一〇〇年を超える歴史があり、学生数は一七〇〇名、男女比はほぼ半々、国別構成比ではスイス国内が四七％、その他五三％は

ローザンヌ大学全景。手前が校舎、後方は寄宿舎

世界各国から留学生を迎えています。アジア太平洋地区の留学生も六%を占めていますが韓国、東南アジアが多く、日本人学生はわずか数名にとどまっています。授業の言語はフランス語、または英語を選択できますが、日本人には言語の問題が大きなネックになっていると思われます。年間の学費は約四〇〇万円と安くはありませんが、授業内容を考えれば妥当なのかもしれません。キャンパスには寄宿舎も併設され約三〇〇名が居住しています。

理論と実践

同校の特色は、すべての学生が経営学を履修するだけでなく、フロント、客室、レストラン、カフェ、バー、調理、その他各種サービスなど、ホテル業務全般の実習を行うところにあります。

校内の施設運営に、履修システムの特色が表れています。たとえば、校内にカフェテリア、コーヒーショップ、バーなど日本の大学の学生食堂に相当する施設がありますが、なんとそれは学生により運営されているのです。調理、テーブルサービス、運営管理などホテルの飲食部門のすべての業務、経営ノウハウが取得できるよう、カリキュラムが組まれているのです。校内には高級レストランもあり市民に開放されています。また、郊外型レストランを模した施設もあります。これも、教官の指導のもとで学生が管理・運営しています。

レストランなどを運営するためには調理が必要となりますが、実習は入学初年度のカリキュラムで少人数の教室で履修できるように組まれています。

調理授業。生徒が確認できるよう、鏡が設置されています

調理実習を経て学内の学生食堂、レストランでサービス実習を行いますが、料理、接客などに関して教官だけでなく学生同士が評価しあうことができます。学生が切磋琢磨して成長できるシステムに

学内実習用レストラン。市民に開放されています

なっています。

学生は四年間にわたり、絶えずサービスを提供する側のスタッフ・ホストとして、また、サービスを受ける側のゲストとして、二つの視点から学べるのです。この点が最も重要です。卒業すればホテル業界で幹部候補生として第一線で働きます。その時、現場を熟知していること、ホスピタリティ精神に溢れていることが大きな力になるのです。

視察は昼食時間にかかりました。外部のレストランに予約を入れていたため、残念ながら学食を体験することはできませんでしたが、学生が自らつくる料理はメニューが多彩で見た目も食欲をそそるものでした。

ローザンヌ・ホテル大学フロント

一般の授業では、企業経営全般の経営理論に加えてホテル経営に関する専門的な知識が得られるカリキュラムが組まれています。

受講する学生の服装にも特色が表れています。訪問当日は年数回のカジュアルデーでラフな服装の学生もみられましたが、通常はホテルマンとしてふさわしい身だしなみが求められており、男女ともビジネススーツ着用です。大学の受付もホテルのフロントの形式になっています、フロント業務の実習が行われていることが感じられました。学内のありとあらゆる施設が、徹底的にホテルに結びついたかたちで構成されているのです。

日本の大学を卒業しても実際の業務に必要な知識は就職してから学ぶことになりますが、ローザンヌ・ホテル大学ではホスピタリティ・マネジメントの理念のもとで経営学を学び、そしてホテルの多様な実務も学びます。卒業すれば即ホテルの戦力となる人材を輩出しています。

卒業生の五〇％以上がホテルに就職していますが、教育、ヘルスケア、フードサービス、メディアなど多彩な企業に迎えられます。驚くことに金融関係にも四％が進んでいます。さまざまなビジネスに、ホスピタリティ精神をもった人材として迎えられているのです。

教育分野の知識はありませんが、日本国内にはホスピタリティを掲げる学部・学科はあっても、ローザンヌのようなシステムをもった大学はないのではないでしょうか。

ここまで徹底すれば人材が育てられる。納得する視察となりました。

航空会社のサービスとホスピタリティ

スイスのプライベートバンク、ローザンヌ・ホテル大学への視察には、ヨーロッパ大手の航空会社を利用することになりました。成田からアムステルダムを経由してジュネーブに向かいます。

海外は信金業界のアメリカ金融機関視察以来二〇年ぶりです。その時のフライトはエコノミークラスでした。一八〇センチを上回る長身の私は身動きもとれず、とても快適な旅とはいえませんでした。そんなトラウマもあり、一四時間近い飛行時間を考えビジネスクラスを選択しました。インターネットでの購入でしたがビジネスクラスの料金はエコノミーの約五倍、大変な出費ですが航空会社のサービスやホスピタリティを体験するチャンスと考えることにしました。

このフライトで感じたことを、いくつかご紹介します。

サービス業の方程式 100－1＝0

往路・復路とも残念ながら日本人の客室乗務員はいませんでした。サンキュー、イエス、ノー、おもに三つの言葉を巧みに操る私としては心細い思いをしたのですが、往路では、乗務員がミスター・タナカ、ミスター・タナカと盛んに呼びかけてきたのです。サービス・ワゴンの上に客席のリストがあってそれをみて呼びかけているようです。

お客様のお名前をお呼びすること、それは、私はお客様を認識しています、ご要望にお応えしますというメッセージです。

巣鴨信用金庫でも、店頭において一人でも多くのお客様の名前と顔を覚えよう。長年、そんな取組みをしています。お客様がお通帳を出す前に、笑顔とアイコンタクトで「鈴木様いらっしゃ

笑顔で応えてくれた客室乗務員

いませ」。ご来店いただいたお客様をお迎えする巣鴨のスタイルです。

乗務員にミスター・タナカと呼ばれるたびにドキドキしたのですが、悪い気持ちではありませんでした。しかし、残念ながら復路ではそんな素振りもありませんでした。一度体験したレベルを下回ると些細なことでも物足りない感じを受けるものです。口には出しませんが不満を感じる顧客も確実にいるはずです。

往路・復路の違いがもう一つありました。

搭乗した航空会社では創業九〇周年を記念して、ビジネスクラスを対象に陶器製のオールド・ミニチュア・ハウスのプレゼントをしていました。

客室乗務員がトレイにいくつものミニチュア・ハウスを載せ、客席を回り、顧客に好みのハウスを選んでもらい、それをプレゼントするのです。ミニチュア・ハウスは九〇種類ありますから、頻繁にフライトする顧客は気にいったものをそろえることができます。

そんなサービスがあることさえ知らなかった私は乗務員の笑顔につられて「ジャスト・ア・モウメント」、カメラを取り出し思わず写真を撮ってしまいました。

復路も期待をもって、その時がくるのを待ちました……。

しかし、淡い期待は残念ながら叩きのめされました。サービスの仕方がまるで違ったのです。ミニチュア・ハウスはあらかじめビニールの袋に入れて準備され、機械的に配られたのです。長時間の退屈な機内で、顧客を楽しませる会話もミニチュア・ハウスを選択する機会も奪われました。同じサービスでも提供の仕方が違えば、苦情さえ生むことになります。

サービス業はまさに100－1＝0の世界と実感した瞬間です。

サービスとホスピタリティ

成田空港の、航空会社が開設しているビジネスクラスのラウンジでのことです。受付で航空券を提示して入ると二〇〇席ほどあるラウンジは出発時間の関係でしょうか、貸切りかと思うほど閑散としていました。

コーヒーを飲みながら一息入れていると、日本人の老夫婦が受付で何か話をして戻っていきました。奥様は足の具合が悪いようにもみえました。

受付をしていた日本人女性スタッフがコーヒーサーバーの交換のためにそばを通ったので、「先ほどのご夫婦は何かあったのですか」と聞いてみました。「エコノミーのお客様が間違えていらしたのです」それが答えでした。

こんなに空いているのだから追い返さなくても、正直そう感じました。

国内では、地方への出張でホテルをよく利用します。シングルを予約するのですが、フロントで「ツインのシングルユースでご準備させていただきました。ごゆっくりお寛ぎください」などとサービスを受けることが何度かありました。ホテルのシステムなのか、フロントに権限が与えられているのかはわかりません。宿泊客をいくつものフロアに分散させるより、特定のフロアに集中させたほうが作業は効率的というホテル側の都合かもしれません。理由はどうあれ、ちょっと嬉しく、また利用しようという気持ちにもなります。

成田のラウンジが融通の利かない対応をした理由はなんでしょう。

一つは、女性スタッフの資質と感性の問題です。スタッフにすれば、ラウンジはビジネスクラス専用ですからルール、マニュアルに沿って正しい対応をしたのです。あくまでも正しい対応ですから、冷たいとか融通が利かないなどといわれる筋合いはないと思っているはずです。そこにはホスピタリティが入る余地はありません。

もう一つは、運営する企業側の問題です。成田のラウンジは、海外航空会社数社が共同で運営しています。スタッフは、運営を委託された企業からの派遣と思われます。

この運営企業にとっての顧客は、航空会社であって利用者ではないのです。働いているスタッフは、運営企業がどんな理念をもって運営しているか、肌で感じているはずです。もし、利用者第一の経営理念がスタッフに浸透していれば違った対応になるはずです。

夢のホスピタリティ

復路のアムステルダムから成田へのフライトでは、ビジネスクラスに日本人は私一人でした。そして、残念ながら日本人の客室乗務員は往路同様一人もいませんでした。八日間の旅を少ない語彙で頑張ってきたことは、ちょっとした喜びでもありましたが疲れもあり、淋しさも感じていました。

アムステルダムをテイクオフして、セーフティベルトがとれると夕食となりました。夕食が終わってしばらく経った時です。「失礼します」日本語です。日本人のアテンダントがいたのです。「私が乗務しておりますので、何かありましたら、遠慮なく『日本人スタッフを呼んでくれ』とお申付けください」天使のようなささやきです。日本人スタッフが、日本人乗客の多いエコノミーのキャビンにいたのです。

ビジネスクラスに一人、言葉の不自由な日本人の老人が乗っている。欧米人の乗務員からそんな情報が流れたのでしょうか。

素晴らしい連携です。

それから、安心して熟睡してしまい、成田まで顔をみることはありませんでした……。

今回のビジネスクラスの旅を総括すれば、シートは料金が五倍といってもスペースがエコノミーの五倍あるとは思えませんがフルリクライニングでゆったり、アルコールは豊富なメニューのなかから好きなだけ（残念ながら私はアルコールを嗜みません）、機内食も夕食は前菜・メイン・デザートまでついて美味しく、そして大柄な西洋人にあわせているのかボリュームも満点。そんな印象かもしれません。

空の旅が憧れだった頃、接客の手本として客室乗務員のサービスの素晴らしさがよく紹介されました。時が流れ、接客などサービス業全体のレベルが向上し、客室乗務員の提供するサービスも日常的で突出したものではなくなりました。機内サービスのレベルが飛躍することなく従来のままにとどまっているなかで、ＬＣＣが格安サービスを引っ提げて参入してきました。数少ないフライト体験で断定的に申し上げるのは失礼かもしれませんが、上質なサービスへの成長が止まり、サービスが下向きに広がった。航空業界はそんな状況に感じられました。

実は、最後にご紹介した日本人キャビンアテンダントの話は私の妄想の産物です。シートの広さや機能、飲食の質やボリュームで特色を出すことはむずかしくなっていますが、乗客の立場に立って考えればホスピタリティを発揮できる余地はいくらでも残っています。客室乗務員の心配りに感動した。そんな話が聞ける日を心待ちにしています。

ちょっとコーヒーぶれいく

クラクションは「モー」

名峰マッターホルンを抱くツェルマットはアルプス観光の王道といわれています。環境に配慮したガソリン車（ディーゼルも同様）乗入れ禁止のリゾートで、村内の交通は電気自動車または馬車でカバーされ、静かな環境と清らかな空気が保たれています。四〇〇〇m級の山々に囲まれ、一年を通じて、雄大なアルプスの山々や氷河を存分に楽しめるスポットになっています。

車を利用してツェルマットを訪れる観光客は一駅手前の駅（Tasch）の駐車場に車を置き、私鉄（BVZ）を利用することになります。私鉄料金は一駅で約七〇〇円と高く、高地鉄道としての開発費用を一定期間で確実に償却できる運賃設定がされています。

化石燃料を動力とする自動車は乗入れできません。そもそも古くから開けた村が話題の観光地となったことから、道路など社会資本の整備が追いつかず、多くの自動車を許容する道路幅、駐車スペースが確保できませんでした。そのことが鉄道整備につながり、それに加え環境、エコ、観光客の安全などの問題が絡み、電気自動車、馬車の活用となりました。景観に加え、環境への取組みが話題と共感を呼び、従来以上の評価を受ける結果となりました。

電気自動車の電池は先端のリチウムではなく、従来型の鉛電池式で、車両価格を抑えるとともに、タクシーやホテルの送迎用、荷物運搬用車両として駅・ホテル・ケーブルカー駅など村内の交通手段として十分な性能を保持しています。

観光客の安全と観光地としての雰囲気を壊さないよう電気自動車のクラクションは工夫されており、牛の鳴き声で「モー」と鳴きます。クラクションを鳴らされても、不快なことはなく、むしろツェルマットの情緒を感じる奥深い仕様です。

ホテル送迎用の電気自動車。大きさは軽自動車プラスアルファほど。村内で数百台利用されています

ビジネスデザイン――課題解決策は一つではない

長年、信用金庫業界にお世話になりました。若い頃にはブランド力、資金力、総合力でメガバンクには敵わないと思っていた時期があったことも事実ですが、年を重ねてからは信用金庫には信用金庫の強みがある、信用金庫でしかできないことがあると信じて働いてきました。

あなたは、いま自分が働いている環境に満足されていますか。満足していないと答える方が多いのかもしれません。でも、あなたの周りを含めても自分の希望した業種、希望した企業、職位、職務を得て働いている人、自分が望んだ満足できる環境のもとで働いている人が何人いるのでしょうか。ほとんどいないのではないでしょうか。

自分に与えられた環境のなかで、自分の能力を発揮し、生きがいを見つけることが大切です。子どもの頃憧れた業種や自分が希望した企業に就職できる人は、ほんの一握りです。自分が働く企業は思いどおりに選択することはできませんが、取り巻く環境がどうであっても自分がどのような気持ちで、どのような姿勢で働くかは自分で選択できるのですから。

少し飛躍するかもしれませんが、ＣＳやホスピタリティの取組みに関しても同じだと思います。プレミアムホテルでなくてもホスピタリティは発揮できますし、お客様の感動を呼ぶことができるのです。

資金力、ブランド力がなくてもビジネスが成立し、CSにもホスピタリティにも取り組める。そんな例をいくつか紹介します。

スイス・驚きの高速道路

スイスへのホスピタリティ視察についてはすでに述べましたが、ジュネーブからローザンヌ、ツェルマットへは往復レンタカーを利用し移動しました。高速道路も通行しましたが、高速道路に料金所はありませんでした。スイスの高速道路は無料。素晴らしい、さすが観光国家と思って帰国しました。

帰国して一カ月ほど経ったある日、日本経済新聞を読んでいたら「ところ変われば」というタイトルのコラムが目に飛び込んできました。読んでみると、なんとスイスの高速道路は有料であることがわかりました。高速無料はとんだ勘違いだったのです。

記事によれば、スイスではあらかじめガソリンスタンドや郵便局などで高速通行用のステッカーを購入し、フロントガラスなどに張り付けるのです。毎年ステッカーの色が変わります。ステッカーが張られていないクルマは、見つかると高額の罰金を払うことになります。

日本では料金所を設け、係員が張り付いています。日本全国の設備費と人件費は膨大です。近年ではETCが普及していますが、これも設備投資は膨大で、個人にもETC端末への出費が求められています。片やステッカーだけ、片や料金所・ETC等への莫大な投資と人件費です。

もちろんクルマの台数、通行量など条件は一緒ではありません。日本でスイスと同じ手法が取入れ可能とは思ってはおりませんが、ビジネスの手法、目的を達成する方法は一つではないと強く感じました。システムに頼らなくても結果として同じビジネスを成立させることができるのです。

高速道路以外の交通システムでも驚くことがありました。

スイスの道路には、市内を除き信号がありません。交差点はロータリーになっていて、クルマは右回りでロータリーに入り、そして自分の向かう方向に出ていきます。信号という設備投資をしなくても同じ効果が得られるのです（東日本大震災後、東京電力管内では一時計画停電で交差点の信号機が消え、大渋滞が発生しました。「ロータリーがあったら。ロータリーはすごい」と、あらためて感じました）。

そして、鉄道のジュネーブ駅には改札がありません。乗客は乗車券を購入し、階段を上がっていくとそこはプラットホームです。無賃乗車には高額な罰金が科せられるのは、高速道路と同じです。

ジュネーブでは、ホテルの宿泊者にジュネーブ・トランスポート・カードが渡されます（写真

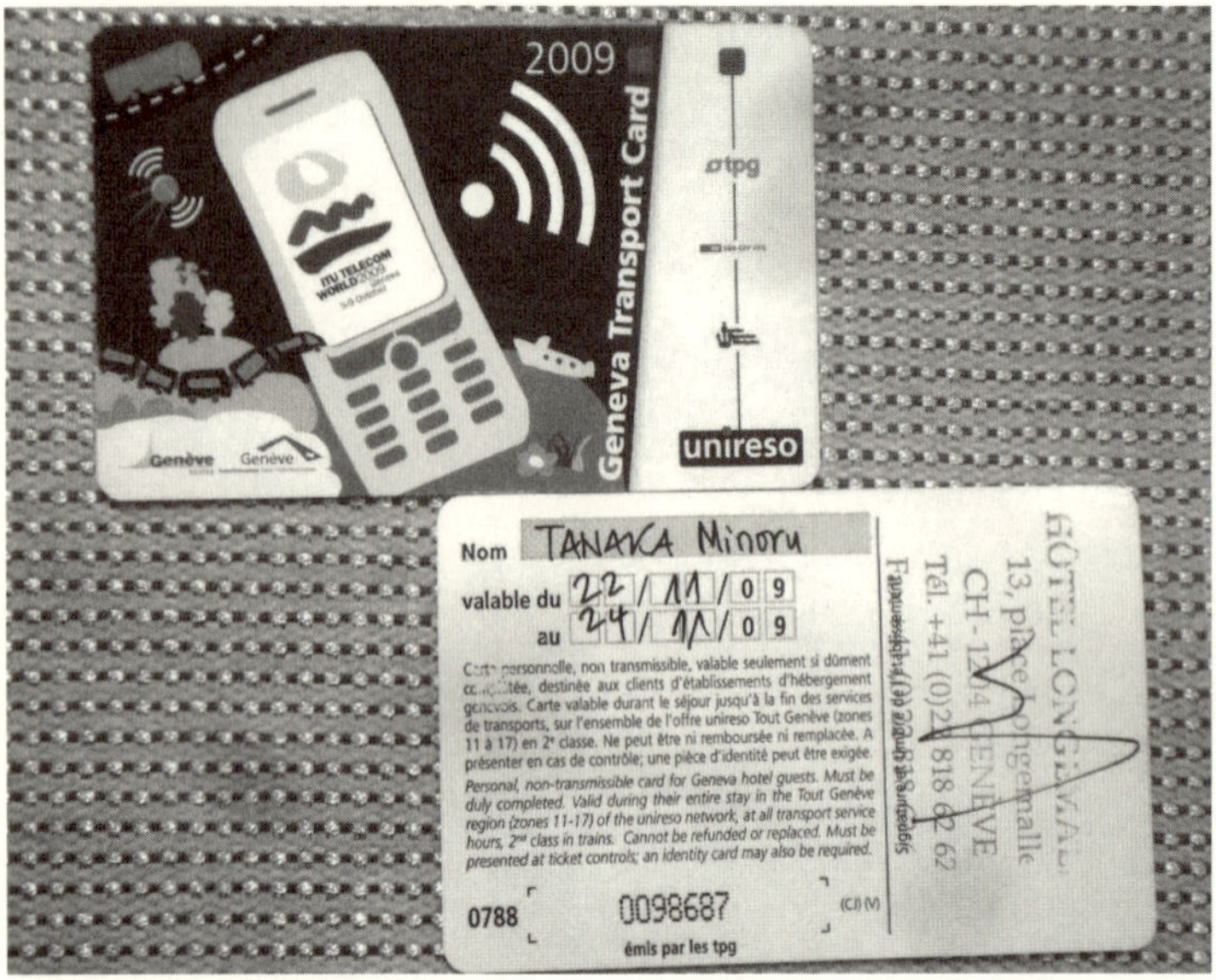

ジュネーブ・トランスポート・カード。カード裏面には有効期間である宿泊日と名前が手書きで記載されています

参照)。市内バス、路面電車、レマン湖の渡し船も鉄道と同様に改札はありませんが、検札があったときこのカードを提示すればいいのです。きわめてシンプルな仕組みです。

国が違う、文化が違う、人口が違うと片付けるのは簡単ですが、高速にＥＴＣ、交差点に信号、駅に改札口、そんな私たちの既成概念を覆すような手法でビジネスが成立しているというのは紛れもない事実です。

ＣＳやホスピタリティを考えるうえでも、コストの問題や既成のルールを超える解決策が必ずある。私はそう感じました。

買い物客が自由に出入りできるエキナカ・ショップ

スイスに近い例が日本にもあります。近畿日本鉄道、大和西大寺駅（奈良市）のエキナカショッピングモール「タイムズプレイス・サイダイジ」です。同モールは奈良県初のエキナカモールとして二〇〇九年九月に二六店舗が出店してオープンしました。

エキナカですから通常は乗客が対象となりますが、同モールは乗客以外の地域住民も無料で入場が可能です。モールで買い物をしたい住民には、改札で利用を告げるとモール入場券が渡されます。入場者は買い物をした店舗でモール入場券にスタンプを押してもらい、改札でその券を渡せば無料となります。手間はかかりますが、ジュネーブのトランスポート・カードと同様に仕組みはきわめてシンプルです。

タイムズプレイス・サイダイジは、道路付けや建物の構造上の問題でオープンモールにできなかったのだと思います。入場者の対応は駅員には負担かもしれませんが、この仕組みによりエキナカの商圏が大きくが広がりオープンモールの機能をもったのです。

近畿日本鉄道のこのサービスは、当初はオープンから六カ月の予定で試験的に実施されました。試行の結果は地域の住民の支持を得て、入場者は多い日には一日三〇〇名、平均でも二〇〇名にのぼりました。モール内の店舗数は二六ですから一日一〇名前後のお客様がふえたことになります。ウインドウショッピングではなく実際に買い物をするお客様ですから、決して少ない数ではありません。地域のお客様に喜ばれ、モール出店企業にも喜ばれるこのチャレンジが成功したのです。試行の結果を受けこの制度の継続が決定され、いまでも続いています。

エキナカモールを展開しているのは近畿日本鉄道の子会社です。駅員による入場希望者の人的対応が決定するまでには、親会社との間の調整では反対意見や抵抗もあったのかもしれません。なんとか商圏を広げたい、地域住民にも親しまれるようにとの思いが実を結んだのです。

無料入場券の特別なシステムなど導入しなくても「思い」があれば、お客様の視点に立った、お客様に喜ばれるサービスがつくれるのです。このサービスの成功により、また新たなサービスが生まれる予感がします。

がんじがらめの安心口座「盗人御用」

ご存知でない方もいらっしゃると思いますが、巣鴨信用金庫には本人確認に「合言葉」を利用する口座があります。がんじがらめの安心口座「盗人御用」です。

振り込め詐欺が大きな問題になっていますが、この商品はスキミングの被害からお客様をお守りするために二〇〇五年二月に開発されました。当時、スキミングの被害はだいぶ前から問題となっていたのですが、二〇〇五年一月にゴルフ場を舞台としたスキミングの具体的な手口が初めて明らかとなり、新聞やテレビで大きく取り上げられました。

知らないうちに情報が盗まれる。その手口は金融機関に勤務している私でさえ被害者になってしまう衝撃的な内容でした。実際に、地銀の支店長が被害にあったとの話も聞いております。

巣鴨信用金庫は、おばあちゃんの原宿と呼ばれる巣鴨に本店を構えていることから、高齢者の取引が多いと誤解されている方も多いのですが、実際にはそんなことはありません。貯蓄広報委員会が行っている調査などで日本の世代別の金融資産の分布をみていただくとわかるのですが、日本は高齢者が富裕層という結果が出ています。巣鴨信用金庫が特別に高齢者の預金が多いのではなく、ほとんどの金融機関が金融資産の分布どおり、預金残高に占める高齢者の預金の比率が高くなっているのです。

事情の説明はさておき、スキミング被害の報道後、店頭などにご高齢のお客様を中心にキャッシュカードは怖い、キャッシュカードはいらないという声が届くようになりました。

当時、大手行では磁気ストライプのキャッシュカードに比べスキミングが防止しやすいＩＣタイプのキャッシュカードの取扱いを開始しておりましたが、それに加えて指紋や静脈のデータを本人確認のために使用する生体認証のサービスをスタートしたところでした。報道を受けて大手行は早速、スキミング対策としてＩＣカードと生体認証を打ち出しました。

信用金庫には信用金庫の強みがあると思っていますが、残念ながらＩＴなどの最先端の技術を取り入れた商品は、大手行と連携して商品を投入しスタンダード化し市場を押さえるメーカー側の論理からして、信用金庫が大手行と同時に取扱いを開始することは不可能に近いことです。それは、商品の善し悪しは別として、通貨スワップを利用したデリバティブなどの先端商品にも同じことがいえると思います。

それでは、信用金庫はスキミングに対して何もできないのか、何もしないでみていていいのか。金融機関のキャッシュカードやATMが犯罪者に利用され、犯罪の舞台になっているのにお客様のためにできることはないのか、そんな思いから「がんじがらめの安心口座　盗人御用」は生まれました。

発想はシンプルでした。預金の引出しはご本人の意思で、ご本人が出金される分には何の問題もないのです。

キャッシュカードは発行しない。出金は窓口限定で、出金できるのは本人限定。出金できる店舗は契約店舗だけ。一日に出金できる限度額を設定する。そして毎回、顔写真付きの証明書で本人を厳格に確認。そして最後に契約時に登録いただいた「合言葉」をいっていただき確認する。まさにがんじがらめの仕組みで、本人以外の出金は絶対に不可能です。

金融機関では商品により異なりますが、商品開発には三〜四カ月かかります。それを「がんじがらめの安心口座　盗人御用」は三週間で開発・発売しました。それができたのは、この商品がキャッシュカードのなかった時代、窓口でご出金いただいていた時代への先祖返りの商品だったからです。窓口対応は非効率ですが、信用金庫の強みである、「お客様に近い」「お客様の顔がみえる」を地でいく商品です。

この商品は口座数や預金の増加をねらった商品ではありません。キャッシュカードは怖い、いらないというお客様の声に応えることを目指し、具現化した商品です。

発売されると「合言葉」が注目され、「おばあちゃんの原宿に本店を構える信用金庫がローテクでお客様を守る商品を発売した」とテレビ、ラジオ、新聞、雑誌などあらゆるメディアで取り上げられました。

大手行のＩＣカード・生体認証は効率的に大量に処理する、マスを対象とした全員一律のサービスです。

「がんじがらめの安心口座　盗人御用」は、店頭での個別対応によりお客様をお守りする、お客様をお守りするために労は惜しまない、ホスピタリティ精神から生まれた商品です。

商品化されたところで全員一律となり、個別対応ではなくなるからホスピタリティではないといわれる方もいるかもしれません。たとえ契約者は少なくても、お困りのお客様の要望に応える。そんな気持ちで開発された商品ですから、ホスピタリティ精神がたっぷりと込められているのです。

スイスの高速道路の料金システム、近畿日本鉄道のエキナカモールへの取組み、巣鴨信用金庫の「がんじがらめの安心口座　盗人御用」を紹介しました。共通しているのは効率的、機械的な処理ではなく、お客様を起点に考えられていることです。

お客様を起点に考えれば課題を解決する方法は一つではありません。そして課題解決のキーワードの一つは「ホスピタリティ」にあると確信しています。

一生に一度の電話

金融機関は長い期間で積み上げられたストックがものをいう商売ですが、生涯にかかわる契約で成り立っている生命保険会社のほうがよりストック商売であろうかと思います。

大手生命保険会社でホスピタリティの講演をさせていただいたことがあります。その大手生保では長期経営計画でお客様満足度向上の徹底追求を掲げ、お客様を大切にする企業風土づくりに取り組んでいます。その一環としてホスピタリティ意識の醸成と浸透を図っており、年数回ホスピタリティ研修を実施しています。同生保に比べ比較にならないくらい規模が小さい信用金庫出身者の話を聞く度量の広さと同時に取組みへの真剣さを感じました。

ホスピタリティは個別対応

私は講演のたびに、せっかく話をさせていただくのだから少しでも参考になる話をしたいと思い、そのつど、オリジナルの資料を作成しています。そして、私のホスピタリティとして、その企業だけの特別な話を一つは加えるように努めています。

その日は、講演の最後にこんな話をさせていただきました。

研修日の数日前に、たまたま同社の取組みが大手新聞に掲載されていました。顧客対応のマナーを身につけることを目的に他の部署を体験する、社内留学に関するものです。すでに社内留学は一〇〇〇名を超えているというから本気の取組みです。紙面では、お客様とあまり接する機会のない事務担当職のコールセンターへの留学が紹介されていました。留学者の「忙しいときに電話があると早く切りたいと思うこともあったが、お客様の要件に対応した後、ほかに困っていることはないでしょうかと、もう一言を添える気持ちが大切と学んだ」とのコメントが紹介されていました。相手を気遣う気持ち、まさにホスピタリティへの一歩です。

生保の最前線は、何といってもお客様からご契約をいただく営業職です。しかしながら、生保のように契約期間が長い場合は、契約以後のお客様からのさまざまな問合せや要望に応えるコールセンターの重要性も忘れることができません。この大手生保の契約者数は八〇〇万人を超えています。八〇〇万人の契約があれば、コールセンターへの電話も一日当り数十件、いや数百件にのぼるのかもしれません。コールセンターのオペレーターは一人一日十数件、いや数十人からの電話を受けるのです。

たとえばコールセンターのオペレーターにすれば、いま受電した電話は一日の仕事の数十件のうちの一件にすぎません。しかし、この電話をお客様の側に立って考えるとまったく別なものになります。

私も長い間、生保を契約していました。子弟も成人し、就職、結婚もして経済的な面では親としての役目を終えたと考え、四〇年近く契約していた死亡保障のついた生保を解約しました。その間、幸いにも健康で保険金をいただくような事態になることはありませんでした。ですから、生保への電話は解約の手続を問い合わせるための一度だけでした。

私としては一生に一度の電話です。解約の問合せですから生保からすればあまりいい内容とはいえませんが、長期にわたり契約していたのですから親切に対応してほしいと思いました。数年前のことですが、実際には印象に残っていませんので可もなく不可もなく、だったのでしょう。

私の場合は解約でしたが、不幸にも保険金を受け取るような事態が起きて連絡するケースも多いのではないでしょうか。

オペレーターにとっては一日に受ける電話の何十分の一件であっても、受電する電話の一件一件が、お客様にとっては一生に一度の電話かもしれないのです。

一本一本が、「一生に一度の電話」。

そう考えて電話をお受けする。それだけで、お客様への対応は飛躍的に向上するのではないでしょうか。

一生に一度であれば、ワンコールでとれなかったことに対して「お待たせいたしました」「お電話ありがとうございます」と素直に応対できるはずです。

一生に一度の電話であれば、長い間ご契約いただいていることについての感謝の言葉も必ず自然と添えられることになります。

一生に一度であれば、紙面にあったように「ほかにお困りのことはないでしょうか」ともう一言を添える気持ちになるはずです。

「この電話は、お客様にとって一生に一度の電話」

そう定義するだけで、相手を大切に思い、相手の立場に立って対応し、ご要望に最大限お応えできるのではないでしょうか。コールセンターの業務は劇的に変わるはずです。

講演後、コールセンターの幹部の方から、「私たちも一本一本の電話を大切にしてきたが、一生に一度の電話という今日のお話をコールセンターに帰って必ず伝えたいと思います」と熱く、そして丁寧なお言葉をいただきました。

私は同生命保険での一生に一度の講演を終え、有意義な機会をいただいたことへの感謝と温かな気持ちをもって帰宅することができました。

本書を執筆中の二〇一一年三月一一日、東日本大震災が起こりました。被害のあまりの大きさに、私もしばらく筆を進めることができませんでした。

生損保には、契約者や契約者家族から「一生に一度の電話」が殺到したのではないでしょうか。

すべてのコールセンターのオペレーターの皆さんが、その電話に、被災者に、寄り添うように誠心誠意応えていらっしゃることを心より願います。

巣鴨に入りたい

前項で、お客様からの電話が「一生に一度の電話」と思えば誠意と感謝の気持ちをもってコールにお応えできる、そんな話を紹介しました。

もう一つ、自分の気持ちのもち方によってモチベーションを高めることができる、そんな私自身の経験を紹介させていただきます。

長く勤務していると、だれしも自分の本意でない仕事場に人事異動になったり、会社の本流からは遠い職務の担当になることも珍しくありません。十数年も前のことですが、巣鴨信用金庫が開催していた幼児と小学生を対象にした絵画コンクールの運営責任者を数年間務めたことがあります。

巣鴨信用金庫ではバブルの頃、社会貢献活動の一環として大手の損保会社、新聞社などとの共催で、幼稚園児、小学生を対象とした絵画コンクールを開催していました。

参加各社から協賛金を供出いただき、運営は企画会社に依頼し、展示はイベントホールなど外部の会場を借り、表彰式などのイベントもプロダクションに依頼して、華やかに開催していましたが、バブル崩壊後、経済環境や協賛各社の状況をふまえ、巣鴨信用金庫が単独で開催することになりました。

そんな折、私が職務上、開催費用が約四分の一に縮小された絵画コンクールの責任者になってしまったのです。「大変だね」同僚から同情とも憐れみともとれる声をかけられました。

予算が大幅に削減されたので、絵画の展示、表彰式などを巣鴨信用金庫の本店ホールを利用することになるなど大きく見直すことになりました。そして、表彰式などの司会進行もプロに頼むのではなく、職員が手づくりで運営することになりました。

長年担当してきたベテランの女性職員もいままで以上に頑張ってくれ、受付や表彰式の進行など大勢の職員の尽力もあって、単独開催初年度の絵画コンクールをなんとか無事に終了することができました。慣れない仕事を無難にこなしてくれた職員に感謝したのですが、何といっても参加していただいた子どもたちや父兄から、「絵画展に参加して巣鴨のお兄さん、お姉さん（正しくはおじさん、おばさん）の温かさが嬉しかった」そんな感謝の言葉と子どもたちの笑顔が心に残りました。

そして、こんなことを思いました。巣鴨信用金庫に就職した新入職員のなかから、「実は、私は子どもの頃、絵画展でお世話になりました。その時から、大きくなったら巣鴨信用金庫で働きたいと思っていました」そんな言葉が出るほど素晴らしい絵画コンクールを開催しよう。翌年からは、そんな夢をもってコンクールを企画運営することにしました。

初年度の開催で、同じように感じた職員が多かったのでしょう、

- ヘリウムガスを入れた風船で入口、通路、会場を華やかに演出する。
- さまざまなキャラクターのぬいぐるみを着て、小さなお客様をお迎えする。
- 会場内に記念写真を撮るコーナーをつくる。そして、家族全員の写真が撮れるよう、撮影担当の職員を配置する。

・表彰式の参加者に喜んでもらえるよう、職員が手づくりのマジックショー、劇やダンスをする……。

担当する職員からさまざまなアイデアが寄せられ、そしてすべて、実現しました。

参加していただいた、お子さん、父兄の方、そして絵画展の審査を担当していただいた先生方からも「子どもたちを楽しませるために取り組んでいる、巣鴨さんの姿が素晴らしい」そんな感想をいただけるようになりました。もちろん素人の出し物ですから、鑑賞に堪えるレベルではありませんが、ひたむきな行動が心に響いたのです。

仕事が終わってからの練習など苦労をみていましたから、当日、職員のショーが始まると、舞台の袖でみている私は真っ先に感動してしまって、毎年、鬼の目に涙です。そのぐらい一生懸命取り組んでくれました。

信用金庫は高齢者には強いけど、若い会社員層には弱い、絵画コンクールがそんな階層を取り込む機会になれば。そんな打算がまったくなかったとはいいませんが、金庫で開催する絵画コンクール。そこに参加していただいたお子さんやお母さんに少しでも喜んでもらえれば、職員はそんな気持ちだったと思います。

巣鴨信用金庫がホスピタリティを掲げて取組みをスタートするのはずっと後ですが、振り返ると職員が「ホスト」としてお客様「ゲスト」をお迎えし、もてなし、楽しんでいただく。そんなホスピタリティ精神はこの頃から芽生えていた。そんなふうに感じます。

ちょっと
コーヒーぶれいく

豆・ミル・ドリップ

講演などで地方のシティホテル、ビジネスホテルなどをよく利用します。どこでも日本茶のティーバックは備付けで無料です。コーヒーはアルミの袋に入った簡易型のドリップコーヒーが置いてあることもありますが、ほとんどが有料です。

そんななかで、那須にあるリゾートホテル・二期倶楽部のおもてなしは秀逸です。各室にコーヒー豆、ミル、ドリップカップがしつらえてあります。「サービスですからご自由に」などとも書かれてはいません。

桐箱にコーヒー豆と煎茶が入れられ、豆は一人分、煎茶は一杯分が小分けされています。「リゾートのひと時をお楽しみください」宿の主のさりげない思いが伝わってきます。

桐箱にコーヒー豆と煎茶のしつらえ

おもてなしの実践――ウエルカム・ボード

ドイツからのお客様

金融業界誌からのご依頼で、ドイツの地域金融機関の視察を受け入れたことがありました。当初はドイツ語など話せるものはおりませんとご辞退したのですが、通訳も同行しますのでぜひとお願いされ、受け入れることになりました。

はるばるドイツからいらっしゃるお客様を、店頭で笑顔、アイコンタクトとプラスアルファの一言でお客様をお迎えしている巣鴨信用金庫にふさわしくお迎えしたい。そして喜んで帰ってもらいたいと、あれこれ考え、ウエルカム・ボードを出すことにしました。A4の大きさの紙にウエルカムと先方の金融機関名を英語で書き、入口とレクチャーする会議室のドアに張り付けて歓迎の気持ちを表したのです。

当日八名の視察団を受け入れました。少しでも喜んでもらえればと思っていたのですが、思った以上に喜ばれ、記念写真まで撮ってお帰りになりました。こんなに喜ばれるなら、視察などでいらしていただくお客様にもと考え、会議室や応接間に必ずウエルカム・ボードを掲げてお迎えするようになりました。

CSやホスピタリティの視察や取材でいらしていただく金融業界の方、大学、総合研究所など研究者の方、マスコミの方などにウエルカム・ボードを出しているのですが、皆さん、こんな歓迎は初めてと喜んでいただいています。研究者、マスコミの方など研究レポート、ブログや記事にウエルカム・ボードを随分取り上げていただきました。

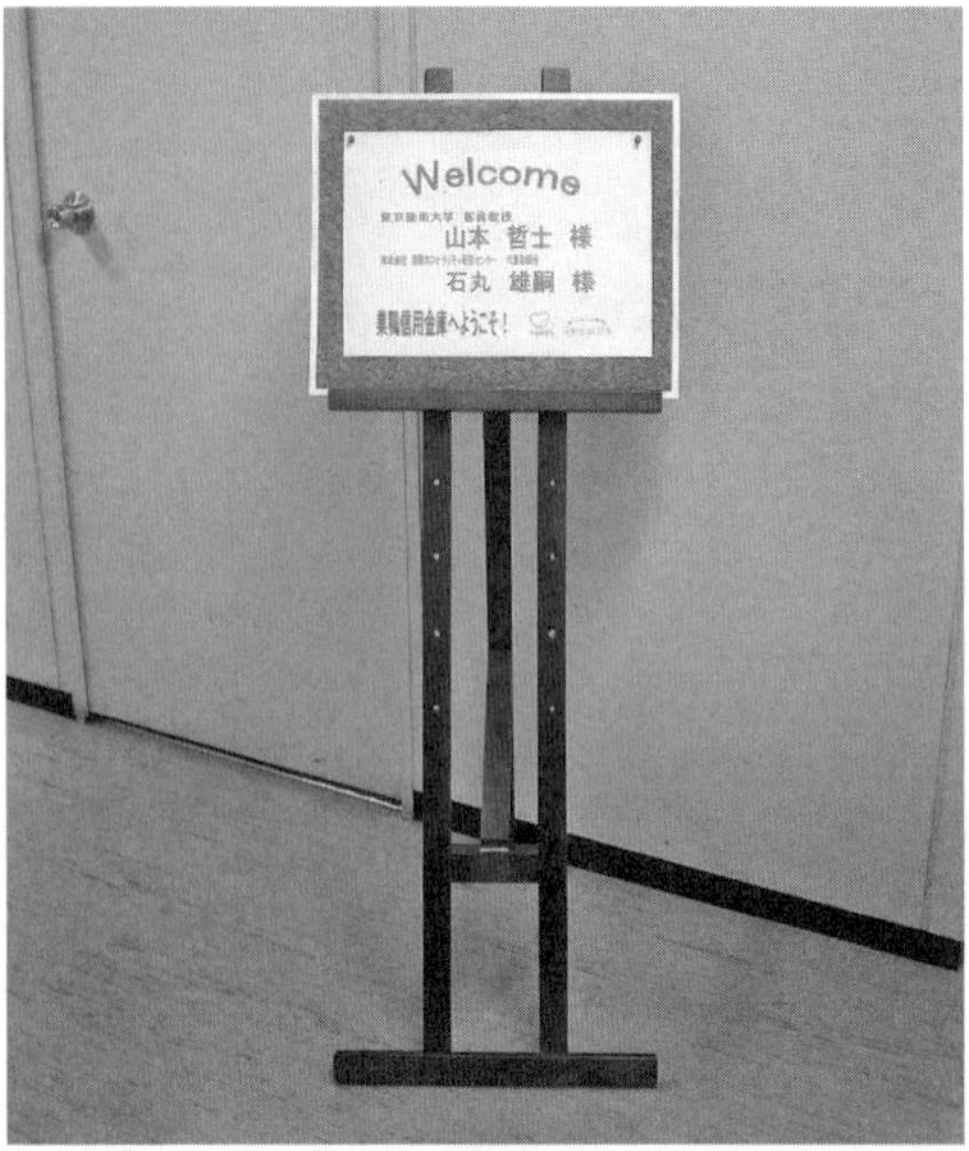

イーゼルとコルクボードを使ったウエルカム・ボード。いまでは、一生に一度の高価な買い物、住宅ローンの実行時にも、ウエルカム・ボードをお出ししています

取り組んでいると、アイデアが出てくるもので、説明に利用するパワーポイントを利用して、会議室、応接のスクリーンにも、ウエルカム・ボードを投影するようにしました。ご来庫いただくお客様には、忙しいなかで「私のために準備してくれている」そんな気持ちが伝わるようです。

喜んでいただけるのは嬉しいことですが、皆さんご存知のとおり、「歓迎。○○様御一行」は旅館・ホテルなどでは当たり前のことです。旅館やホテルでは当たり前のことでも金融機関だと喜んでいただけるのです。金融機関はサービス精神などもっていない、金融サービスに期待がないからこそのサプライズなのです。金融機関は日頃から、もっとサービスやホスピタリティに関心を払う必要があるのです。

ウエルカム・ボードのホスピタリティには重要なポイントがあります。それは、何人お迎えしても一人ひとりのお名前をフルネームで書くことです。ホスピタリティは個別対応、御一行様ではいけません。フルネームで書くことで一人ひとりに歓迎の気持ちが伝わるのです。

社内で研修を行うとき、外部講師をお願いする機会も多いのではないでしょうか。控室に「○○先生控室」と書いてあれば事務的な案内にすぎませんが、ウエルカム・ボードならおもてなしに変わります。

思わず駆け出したMBA院生のおもてなし

数年前、一月の寒い朝でした。ご縁があって、第3章でもご紹介した法政大学大学院の坂本光司教授の授業で巣鴨信用金庫の取組みをご紹介させていただくことになり、JR市ケ谷駅で下車し、市ケ谷キャンパス一口坂校舎へと向かいました。

お迎えいただいた牧野公彦氏。現在は「いい会社」の法則実行委員会 主宰、日本経営教育研究所 経営コンサルタントとして活躍されています。写真は坂本光司研究室のブログから転載させていただきました

朝一番の授業で、校舎に向かう通りは閑散としていました。メールでいただいた地図によれば、次の角を曲がれば目指す校舎があるはずです。

近づいていくと、校舎の前の歩道に男女二名の方が手に何かをもって立っているのがみえてきました。

「何かのセールス？」と思いながら顔がわかる距離まで近づくと、何と数カ月まえに巣鴨に視察に来ていただいたＭＢＡの生徒さんでした。

私を迎えに出てる？

そんなことないよ？

二人が笑顔で私のほうに向かって挨拶しています。

私を迎えに出てるんだ！

私は思わず駆け出してしまいました。

「巣鴨にお伺いしたとき、ウエルカム・ボードでお迎えいただきましたから、今日はウエルカム・ボードでお迎えしました」

ウエルカム・ボードには田中常務・熱烈歓迎と書かれていました。

いつも迎える側の私にとって、ウエルカム・ボードで歓迎いただくのは初めての経験です。正直こんなに嬉しいとは思いませんでした。

「おもてなし係」も決められていて、授業前には温かなお茶とお菓子、授業終了後には院生の皆さんが集めた会費で昼食会にご招待いただきました。「お休みの日にわざわざ来ていただくのですから当然です」と、帰りは市ケ谷の駅までお見送りいただきました。坂本教授のご指導を受けているMBAの生徒さんならではのおもてなしでした。

ウエルカム・カード

ある会のパネルディスカッションで、株式会社ライブレボリューションの増永寛之社長にお目にかかりました。ライブレボリューションは、モバイル広告代理店・メールマガジン配信事業を営む年商が四三億円あまり（二〇〇九年一二月期）の企業です。

名刺大のウエルカム・カード。「小さなカード」に込められた、お客様を大切に思う「大きな志」が伝わってきます。同社のクレドはホームページに公開されています

同社は「ライブレボリューションは『宇宙一の企業』となることを目指しています」で始まる"LR HEART"と呼称されるクレドをもっていること、人事考課に全員評価を取り入れているなど斬新な経営をされていることから、港区三田の本社オフィスにお伺いさせていただきました。

受付から電話をかけるようなシステムになっているのですが、ピカピカに磨かれた受付カウンターに来訪者の名前と担当者の名前が記されたウエルカム・カードが置かれていました。来訪時間にあわせて掲示されるのだと思います。あなたをお待ちしていました。そんな心遣いが胸に響きます。

コーヒーカップにウエルカム・カード

ウエルカム・ドリンク

ある協同組織金融機関のおもてなしです。コーヒーカップに小さなカードが添えられていました。お聞きすると、担当の女性職員の自発的な取組みとのことです。何かおもてなしをと能動的に動く職員、サポートする上司からCSが生まれます。

戻ってから写真をみると何かの手違いでスプーンの向きが逆だったのですが、そんなことより、準備している姿を思い浮かべると心が温まりました。

ホスピタリティはこの人だけに!

私ごとで恐縮ですが、次ページの写真は常務理事を退任したとき担当していた部の

いまは見かけなくなりましたがお元気でしょうか

送別会でいただいたものです。写っている女性は巣鴨駅前で「踊るおばあちゃん」としてYou Tubeでも話題になった方です。事情を知らない方からみれば意味のないことかもしれませんが、私が在任中お客様をお迎えするとき、必ずウエルカム・ボードを出している。そんなことを知っている部員が私だけのためにつくってくれた送別のウエルカム・ボードです。

おばあちゃんに写真を頼んでいる職員の姿が浮かびました。サプライズの点では、これに勝る記憶に残る記念品はないかもしれません。

もう一つ、送別会で嬉しい体験をしました。それは、会場が埼玉県の大宮のお店であったことです。私の住まいに近い会場を選んでくれました。
参加者は、巣鴨から大宮に当たり前のように集まってくれました。
ホスピタリティさえあれば、できることに限りはない。
心遣いに涙腺を壊されてしまいました。

世界中から注文のくる会社

二〇一〇年一一月、東京のホテルで中村ブレイス株式会社代表取締役社長・中村俊郎氏と仁美夫人にお目にかかりました。

中村ブレイスは、過疎化が進む島根県太田市大森町にある義肢装具メーカーです。ご存知と思いますが、『日本でいちばん大切にしたい会社』（あさ出版）、『500人の町で生まれた世界企業』（武田ランダムハウスジャパン）などの書籍や、「ガイアの夜明け」（テレビ東京）などテレビで紹介されています。

社長にお目にかかるのは、二〇一〇年六月に行われた、国際ホスピタリティ研究センターによる、ホスピタリティ・ビジネス企業認定式（中村ブレイスはホスピタリティ・ビジネス企業として認

社長が手にしているのはフィリピンの竹細工職人の技術を生かした竹製の義足

定されています）以来です。

認定式で社長がこんなお話をされていました。

「パラリンピックなどをみてもわかるように、新素材や新しい技術で義手・義足は飛躍的に進歩しました。しかし、その分とても高価なのです。発展途上国の人たちにはとても買えません。

そこで、発展途上国の方々が安心して利用できる義手・義足を、中村ブレイスのもっている技術と「現地の素材」を使った安価な材料で何とか開発したい。

最先端の技術ではなく、万人に喜ばれる技術を追求したい……それが夢です……」

その言葉から半年足らず、中村社長の熱意で夢が実現しました。

内戦で残された地雷などで足を失ってしまった子どもたちのために、地元の竹を使った義足を開発したのです。困っている発展途上国の子どもたちに、先端技術の義足を送ることはできるかもしれません。しかし、子どもたちには成長にあわせて、この先いくつも義足が必要になるのです。将来を見据えて、その国にあるもので安価にできれば将来も保障されるのです。

中村ブレイスの義肢装具は、個人個人の状態にあわせたオーダーメイドが基本です。時には一人ひとりの心の傷にも寄り添い、義肢装具をつくっています。技術者は依頼者のもとへ足を運び、型取りから製作を始めます。手の指など、依頼者の顔を思い浮かべながら、色や質感にこだわり、心を込めて依頼者が満足するまで微修正を重ねます。

竹の義足の場合も相手を尊重する気持ちは同じです。自分たちのもてる技術や装具を相手に押し付けるのではなく、その国の事情にあわせて自分たちを変化させて対処しているのです。

自分たちのルールを押し付けない、顧客の事情をくみ、顧客の要望に耳を傾け、満足していただけるものを提供する。まさにホスピタリティそのものです。

とんかつ屋さんとホスピタリティ

おしんこお代わりいただけませんか。

とんかつ定食を注文すると、ご飯、味噌汁、キャベツのお代わり自由のとんかつチェーン店があります。

私は、この店の大根おろしがついた「おろしひれかつ」が好きで決まって注文します。この店は、こだわりのとんかつで全国にチェーン展開を目指しています。ご飯、味噌汁、キャベツのお代わり自由のサービスを受けられるこのサービスは、このチェーン店が日本で初めて導入し定着させたとホームページで公表しています。

採算を考えればご飯、味噌汁、キャベツのお代わり自由のサービス導入も簡単ではないでしょう。自分たちが提供するとんかつ定食セットのボリュームに自信がなければできなかったかもしれません。店舗展開も食欲旺盛な学生のいる学生街は避けファミリー層ねらいの繁華街出店に絞るなど工夫もあるのでしょう。

そんな、とんかつチェーン店のサービスを例にとって、サービスのステップとホスピタリティを説明します。

同じご飯、味噌汁、キャベツのお代わり自由のサービスといっても一律ではありません。その提供の仕方によって評価は分かれます。

ここでは三段階に考えました。

◉第一段階

ご飯、味噌汁、キャベツのお代わり自由のサービスの制度はあるが提供する側の認識が進んでいないケース。

お客様の「キャベツをください」の要望に、スタッフの顔に「まだ食べるの」そんな気持ちが出てしまう店です。

要望を受けキャベツをサービスしても、こんな状況はサービス以前の問題で、スタッフはお客様の顔もみていないし、物理的にキャベツを提供しているだけです。

そんな顧客とスタッフのやりとりは単にキャベツを頼んだお客様だけにとどまらず、それを目にした顧客にも確実に伝わります。お客様からスタッフの態度が悪いと苦情が多発し、二度と来店することはないでしょう。

◉**第二段階**

スタッフにサービスが認識され、ルールに沿ってきちんと提供されているケース。

お客様「キャベツのお代わりください」

スタッフ「お待たせしました」と迅速にサービスする。

自由の看板に偽りなしのサービスです。サービスを掲げている以上守らなくてはならない最低ラインでもあります。

◉**第三段階**

卓越したサービスの段階。

客席に対する気配りが徹底されており、アイコンタクトで頼みやすい雰囲気がある。

お客様「キャベツお願いします」

スタッフは迅速にそしてアイコンタクトと笑顔で

「お待たせしました」そしてプラスアルファの一言

「どうぞ、たくさんお召し上がりください」

何度かチェーン店を利用していますが、ここまで徹底しているスタッフには出会ったことがありません。

お代わり自由のサービスをこのチェーン店が始めた頃は、それだけで喜ばれたでしょうが、サービスが一般化したいま、顧客満足を追求するのであればこのレベルを追求すべきです。

このチェーン店では注文を効率的にとるのが初期の目的だと思いますが、テーブルにスタッフをコールするボタンが設置されました。これにより恥ずかしくて、お代わりの声を躊躇している顧客でもスタッフを呼べるようになるなど、サービスはさらに徹底されています。

しかし残念ながら、以前はキャベツの追加を頼んだお客様にキャベツを給仕した後で、周りのテーブル客に「キャベツはいかがですか」などの声かけをしていましたが、そんな姿はみられなくなってしまいました。声にならないお客様の気持ちをくむホスピタリティの感覚からは遠くなってしまったように感じます。

それでは、ホスピタリティを感じさせるケースとはどんな接客でしょうか。

たとえば、この店でご飯・味噌汁・キャベツのお代わりはいらない、「おしんこを少しください」といわれたらどうなるのか。

サービスは「ルールに沿って一律に」であるから、サービスを基準に考えると「申し訳ありません。おしんこのお代わりはしておりません」「サービスの対象ではありません」が正解となります。

ザ・リッツ・カールトンのレストランのメニューに、とんかつ定食はありませんが、同じようなケースがあれば間違いなくなんらかの対応をするでしょう。それは値段が高い高級店だから、そうかもしれません。でも、冷静に考えてください。ご飯、味噌汁、キャベツのお代わりがいらなければ、おしんこのお代わりをしてもコスト的には問題はないのです。

何度もいいますが、ご飯、味噌汁、キャベツのサービスも最初はインパクトがありましたが、いまでは街のトンカツ店でよくみられる当たり前のサービスになりました。このサービスが差別化の切り札にはならないのです。

サービス的な解決策も、いくつかはあると思います。

おしんこのお代わりをするお客様はめったにいないので、おしんこもサービスに加える。これはサービス開発当初に検討され対象から外されたのかもしれません。

おしんこのお代わりのかわりに、価格の安い「おしんこメニュー」を開発する。全員一律のサービスの考え方を進化させる方法です。

では、ホスピタリティではどんなことが可能でしょうか。

サービスは従来どおりご飯、味噌汁、キャベツのお代わり自由のまま、おしんこの要望が出たら個別にサービスすることにしたらいかがでしょう。お代わり自由の対象になっていませんから、そんなに数多くの要望があるとは思えません。

この場合、お客様の声に柔軟に応えるスタッフの感性、そしてそれを容認する企業側の覚悟が必要になります。企業としては、コストが気になるのは当然といえば当然ですが、私の経験からあえて断定すれば、利益を圧迫するほどの影響はありません。

コストが気になるのであれば一定期間試行してみればよいのです。

案ずるより産むが易し、まずチャレンジする。そしてコストやトラブルがあれば解決すればよいのです。

クレドをつくろう

クレドをご存知ですか。クレドは日本語でいえば信条となります。日本ではザ・リッツ・カールトンのクレドが神話のように知られていますが、本書で紹介している株式会社柳原新聞店、白井グループ株式会社、株式会社ライブレボリューション、巣鴨信用金庫も期せずしてクレドをもっています。また、西武や楽天などプロ野球球団でもクレドを作成するなど広がりをみせています。

クレドとは、企業や社員の信条や行動指針を簡潔にまとめたものを指します（宗教的な意味合いもありますが、ここでいう信条とは、個人のものの見方・行動などを規定する、強い信念。任意団体がその構成員に準拠を求める、団体規則の解釈基準となるものの見方・行動指針）。

そして、クレドを浸透させるためのツールとして携帯できるようカード化されたものをクレドカードと呼んでいます。

社是、社訓とは違うのか。

よくできたものであれば、同じかもしれませんが、ほとんどの社是、社訓は経営者から社員に向けた上意下達の形式になっているのではないでしょうか。

ザ・リッツ・カールトンのクレドカードはクレド、サービスの3ステップ、モットー、従業員への約束、サービス・バリューで構成されています。簡単にご紹介します。

クレドには、おもてなしと快適さを提供することを使命とし、最高のパーソナル・サービス、お客様が口にされない願望やニーズを先読みしてお応えするとしています。

サービスの3ステップでは、お客様を迎える挨拶、滞在中のもてなし、そして心を込めたお見送りなどに触れています。ザ・リッツ・カールトンのサービスはチェックイン、滞在、チェック

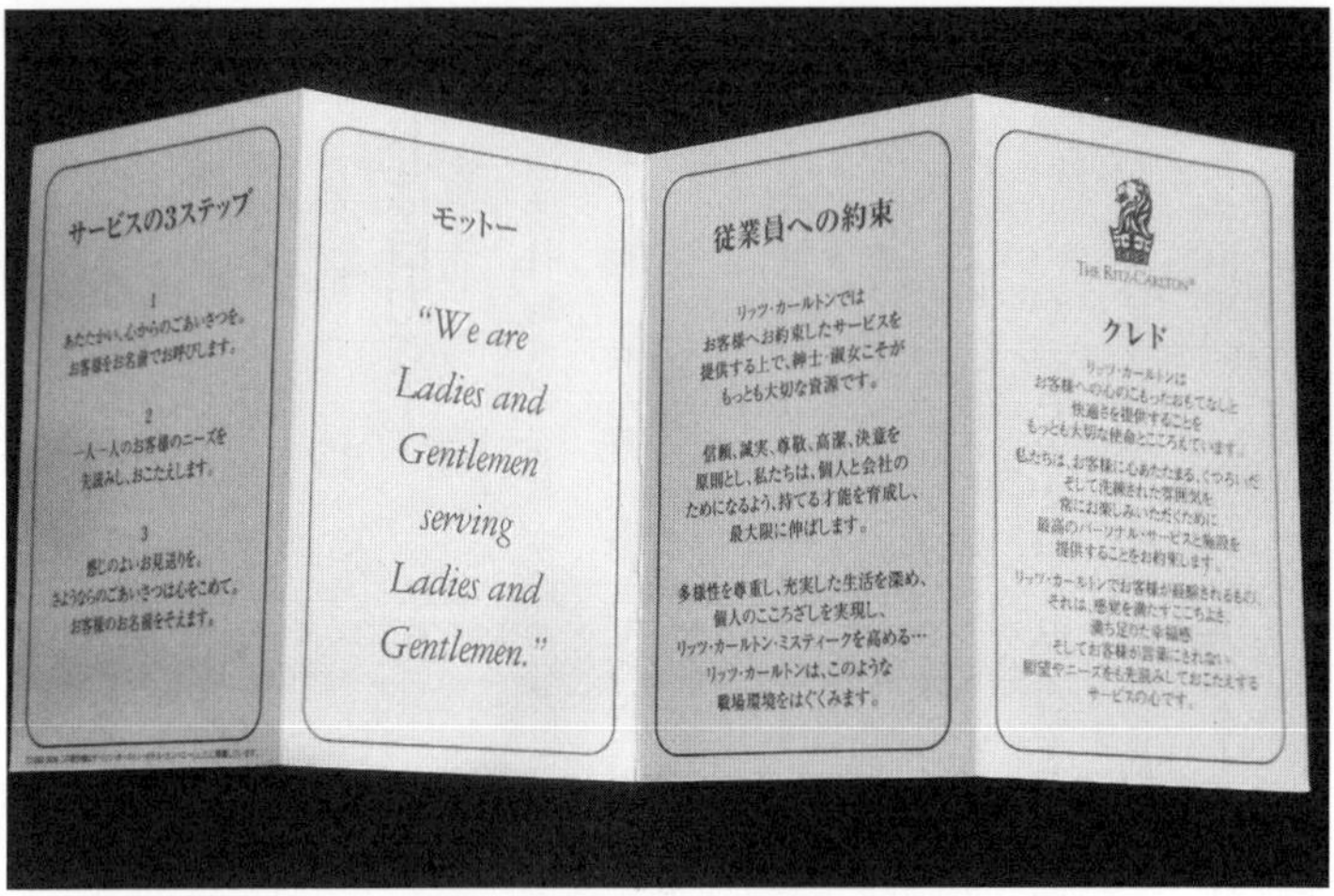

ザ・リッツ・カールトン東京からいただいたクレドカード

アウトまで一貫しているのです。

モットーではスタッフ自身が紳士・淑女であり、お客様である紳士・淑女に対応すると表されています。上下関係のサービスではない、ホスト（もてなす主人）とゲスト（客人）の関係であると位置づけられています。

従業員への約束では、従業員こそがザ・リッツ・カールトンの最も大切な資産であることなどが謳われています。そして、能力を磨くこと、多様性を尊重すること、充実した生活、個人の志を尊重する職場環境を保証しています。

サービス・バリューは、「私はザ・リッツ・カールトンの一員であることを誇りに思います」から始まり、一二項目を掲げています。

クレドの文中にホスピタリティの表記はありませんが、ホスピタリティ精神を感じます。四つ折り裏表にまとめられたクレドカードのすべての項目を理解すれば、ザ・リッツ・カールトンの経営理念、ミッション、行動指針がわかるのです。そして、業務のなかで判断に迷ったときクレドが大きな力を発揮します。

クレドは自力で！

クレドを作成する企業がふえているようです。自分の会社でもつくろうと検討している会社もあるかもしれませんが、決して経営コンサルタントに依頼、外注して作成することなど考えてはいけません。

自分の会社、自分の組織について、よい点も改善しなくてはならない点も、自分たちがいちばん知っているはずです。そうでないとすれば、自分たちを知ることから始めるのです。いまの姿を知り、あるべき姿を自分たちの力で、まとめればいいのです。コンサルタントに依頼すれば体裁のいいものができるかもしれませんが、問題は中身です。

企業がホスピタリティを目指して取り組むにあたって、共通の価値観をもつことは重要です。経営理念を再確認し、社員が共感をもち、社員の自主性を重んじ、社員が誇りをもてるクレドを社員の参加を得てつくることに意味があると思います。

経営理念や行動理念が定着するためには長い時間が必要です。いまいる社員が理解したとしても、毎年新入社員を迎えます。また、一から社員教育が始まるのですが、そのときクレド、クレドカードは大きな力となります。

ザ・リッツ・カールトンのクレドは多くの企業に影響を与えています。それは、同社の百年を超える歴史のなかで生まれ育まれ洗練されてきました。

最初からベストなものを求める必要もありません。完全無欠にみえるザ・リッツ・カールトンのクレドも不定期に見直されているのです。ベストを求めるといつまで経ってもかたちにすることができません。また、自分たちが成長すると足りない部分がみえてくるはずです。

まず、つくってみましょう。

そして使ってみましょう。

つくることが目的ではありません。それをいかに浸透させ、定着化させるか。そのことが重要なのです。朝礼でのクレドの唱和、クレドを題材にミーティングを行うなど理解を深める工夫が何よりも必要です。

巣鴨信用金庫には「すがもの価値観」と名付けたクレド、クレドカードがあります。最初から、このクレドカードができたわけではありません。『ホスピタリティ―CS向上をめざす巣鴨信用金庫の挑戦』（金融財政事情研究会）で紹介していますが、まず、すがもが目指す挨拶の仕方をまとめた"Welcome Mind BASIC"六項目から始まりました。そして、そこから「すがもの価値観」へとステップアップしたのです。

クレドである「すがもの価値観」の浸透、定着化を図るため、クレドカードとは別に「すがもの価値観」を具体的な事例を交えて解説した「すがもの価値観・読本」を同時に上梓しました。

いま働いている職員は当然のこととして、これから迎える新しい仲間たちにも配慮しているのです。クレドが浸透、定着化すればそれが企業文化、企業風土になり、何があろうと、どんな困難があっても一つの価値観のもとで力が結集できるようになります。

子連れワーキング・モーハウス

第2章「ホスピタリティへのアプローチ」で、「社員満足を超える顧客満足は得られない」ことに触れました。ここでは、ESと女性の活躍に関して、参考となる企業を紹介させていただきます。

授乳服？　子連れワーキング？

　ある日、ＮＨＫの番組で授乳服のショップを紹介していました。

「授乳服？」初耳でしたが、外出先でも授乳しやすい服のようです。授乳服も新鮮でしたが、そのショップで働く女性のスタッフの姿に驚愕しました。赤ちゃんを抱えて来店したお客様を、なんと、同じように、だっこひも（？）で赤ちゃんを抱えたスタッフが接客しているのです。

　いままで子連れのスタッフが接客することなど考えてもいませんでした。しかし、冷静に考えてみれば、お客様と「育児」「母親」という立場を共有するスタッフが商品を販売するのですから、これ以上の適任者はいないのです。

　店の名前は紹介されませんでしたが、ネットで検索すると、授乳服の「モーハウス」とわかりました。代表は光畑由佳氏。本社は茨城県つくば市、直営店が青山にあります。おもな事業内容は授乳服、授乳用インナーの製作・販売、出産・子育てイベントの企画・制作です。

子育てをしながら生き生きと働く

　国際ホスピタリティ研究センターの石丸雄嗣氏とともに、茨城県つくば市の本社で光畑代表のお話を聞く機会をいただきました。

子どもを授かることは幸せなことですが、日本の社会では、それと引き換えに女性が失うものが大きく、どんなにキャリアを積んだ女性でも、出産により職場を離れるケースが多いようです。育メン（育児に参加する男性）などの言葉も生まれていますが、男性社員の産休・育休などは制度があるだけ。現実はそんな状況ではないでしょうか。

光畑代表自身も子育てをしながら働いた経験があり、モーハウスの誕生ストーリーにこんな紹介がされています。「一九九七年夏、電車のなかで泣きやまない子ども。車内での授乳。戸惑い、周りの視線、たくさんの気持ちのせめぎあい……。授乳という自然な行為が母親たちの行動を拘束しているという違和感が、モーハウス誕生のきっかけでした。自宅で一人でつくりはじめ、イベントを開き、共感してくれる母親たちや助産婦さんたちが集まり……。少しずつモーハウスは変わってきましたが、私たちの思いはずっと同じ。女性たちが心地よい自由な生活を、赤ちゃんと一緒に楽しんでほしいということ。」

光畑代表の起業の「志」は「女性が子育てをしながら、生き生きと働くことができる職場をつくりたい」、その一心です。そして、子育てをしながら働く女性のために、人前でも公共の場でも、授乳できる機能的な授乳服を提供する道を選びました。女性には専業主婦としての道、キャリアウーマンとしてモーレツに働く道、そして、「結婚して子宝に恵まれ、子育てしながら生き生きと働く第三の道」があってもよいのではないか、そんな思いも込められています。現在、同社には四時間程度の短時間勤務で働いている子育て中のスタッフを含め、五〇名ほどの社員が在籍していますが、そのほとんどが子育て経験者です。

モーハウスは、

二〇〇六年　経済産業省IT経営百選最優秀企業

二〇〇九年　内閣府主催・平成二一年度「女性のチャレンジ賞」受賞

第八回『女性企業家大賞』優秀賞（全国商工会議所女性会連合会会長賞）

二〇一〇年　ハイサービス日本300選受賞

グッドデザイン賞受賞

このほか茨城県の多彩なビジネス賞を数多く受賞しています。

マスコミでも過去何度も取り上げられていますが、そのつど、モーハウスで働きたいという問合せが数多く寄せられます。光畑代表は「とてもすべての人を雇用することはできませんが、私どものような企業が少しでもふえてくれれば……」「一度離職した方を、短時間勤務、子連れワーキングで採用しているが、ここでの経験を、次の職場、社会で生かしてもらいたい」と話しています。

対面重視のユニークな取組み

現在、直営店は国内初の授乳服専門店である青山ショップだけですが、毎月、光畑代表の自宅を開放して商品に触れていただくとともにママたちの交流の場としているオープンハウスの開催、モーハウススタッフが自宅を開放してサロンを開催するＭｏ－Ｈｏｕｓｅ出張所（三重県津市）、西武筑波店ベビー用品売場に時間限定（一一～一六時）でスタッフを派遣し顧客サポートを行うなど、利益を優先する企業には、ここまできめ細かな対応はできないと思える、対面重視のユニークな取組みを行っています。また、百貨店、ショップ、全国約四〇の病院・産院・クリニックなどにも販売チャネルを広げています。現時点では授乳服市場は大きなものではありませんが、モーハウスの「志」、そして高い品質、デザインが、地道な活動、口コミ、光畑代表の講演活動、メディアでの紹介などで広がり、ネットを介在した通信販売が売上げの九〇％以上を占めるなど、業績は順調に進展しています。

優秀な女性社員をつなぎとめるために

私は団塊の世代ですが、私の子どもの頃は母乳で育てるのが当たり前でした。列車のなかで若いお母さんが授乳している。農家では畑仕事の傍らに赤ちゃんが眠っている。個人商店では子どもをおぶって商いをする。時代は流れ、そんな姿はみられなくなりました。光畑代表がおっしゃっているように、授乳という自然な行為が、母親たちの行動を拘束している面もあるのでしょう。

少子高齢化、人口が減少に向かうなかで、すでに生産年齢人口の減少が始まっています。活力と経済規模を維持するためには、少子化の改善と女性の労働力が求められる時代が目の前に迫っています。

モーハウス2011年夏のカタログ。実際に授乳中の写真を使用しています

信用金庫に在籍していた頃、女性の有効活用も課題の一つでした。金融業界では産休や育児休暇など、制度は整備されてきています。しかし、勤務時間や保育所の問題などで、出産後は退職するケースが多いのも現実です。いままで、子連れワーキングなど考えたこともありませんでしたが、業種によってはバックヤードの短時間勤務など可能性は十分あるのではないでしょうか。金融機関では、そこまでは無理としても弾力的な短時間勤務など発想を転換すれば、女性スタッフがプライドをもって生き生きと働く職場、ＥＳ

とCSが連鎖する職場づくりも夢ではないと思えてきました。

最後に、出産を機に職場を離れていく女性社員が多いなかで、企業が女性社員をつなぎとめるためのアドバイスをお聞きしました。光畑代表の答えは「産休中の社員との関係を継続すること」「月一回でも意見を聞く機会などを設け、あなたを必要としているというメッセージを伝えること」でした。たとえ無報酬であっても、女性にとっては、それが企業や社会とのつながりの証となり、自分自身のアイデンティティーを確認する機会となるとのことです。

モーハウスの一〇か条（モーハウスの商品に対する理念）

・すぐに授乳できること
・肌にやさしく、洗濯できる生地を選ぶこと
・変化する体型に対応するデザインにすること
・授乳のしやすさのために生地や工程を惜しまないこと
・テスト、検品には手を抜かないこと
・流行と機能を両立すること
・授乳中も服の形状が変わらないこと
・常に母親の視点で商品をつくること

・授乳口の近くにはホックやファスナーをつけないこと
・赤ちゃんの顔をみながら授乳できること

金融機関の女性が生き生きと働くために

モーハウスを紹介させていただいた機会に、金融機関、特に信用金庫業界で女性に活躍してもらうための課題に触れたいと思います。世の中の半分、お客様の半分は女性です。女性の力抜きではCSもホスピタリティも語れないと思っています。人事に関する専門知識は持ち合わせておりませんが、CS・ホスピタリティの視点からとご理解いただければ幸いです。

金融機関では、ある大手銀行がバブル崩壊後、公的資金の注入を受け、合理化を進めるなかで、多くの男性幹部行員が退職・転職したことにより、女性の管理職への登用が進んだ例がありますが、全体的には女性の登用が遅れている印象があります。

信用金庫業界では、二〇一一年に初めて女性の理事長が誕生しました。しかしながら、全国約二七〇ある信用金庫の二二〇〇名を超える常勤役員のなかで、女性の理事は数名にとどまっているのが実情です。役員以外でも、部長や支店長などの幹部職員に占める女性の割合は、きわめて限られています。大学や専門学校などへの男女の進学率に大きな差はありません。東京都や特別区など、行政では、部長・課長などのポストに女性が目立つようになっているなかで、業界として女性の登用は大きな課題です。

女性の登用の障害となっているのは何か。

- 総合職、一般職などの職制もありますが、営業や融資業務への配置が極端に少なく、事務職に集中していること（女性には女性に向いた仕事があるという古い考え方）
- 結果として研修体系も男女で相違し、女性は事務担当の管理職、それも多くが初級管理職止まり。将来への展望が開けず、優秀な職員の退職・転職につながっていること
- 新卒採用に偏り、他の業態を経験した職員がまったくいないといっていいほど少なく、閉鎖的な体質で改革が遅れていること
- 産休・育児休暇など制度は整備されてきたが、運用が伴っていないこと（職場の理解が得られないこと。または理解が得られないと思わざるをえない状況になっていること）
- 役員、上級幹部に女性が登用されていないことから、企業風土が男社会になっていることに気がついていないこと

など、さまざまな要因が考えられます。

日本の総人口の減少は始まったばかりですが、少子高齢化により生産年齢人口（一五〜六四

歳・高校、大学への進学率から考えれば、この区分も時代にマッチしていないように思います）は総務省統計局による数値では一九九五年、八七一六万人から二〇一〇年、八一四九万人へとすでに五〇〇〇万人以上の減少となっています。この現実をみれば、ダイバーシティ（人材の多様性・中途採用、女性の登用、外国人の活用など）はいまの日本にとって待ったなしの問題です。次の章で取り上げる、信用金庫業界の課題である預貸率の低下や、地域の事業所数の減少も、生産年齢人口の減少と無縁とはいえません。

課題解決のために

女性の有効活用の重要性を本当に認識しているのであれば、課題がみえているのですから、簡単なことではありませんが解決は可能です。

・女性を思い切って登用する

昇進、昇格など、候補として同じ力量の男女職員がいるのであれば、積極的に女性を登用しましょう（こんな提案をすると差別だといわれる方もいるかもしれませんが、そのぐらいの覚悟で登用しないと現状を変えることはできません）。登用対象者がすべてよい結果になるとは限りませんが、それは男性を中心としたいままでの昇進、昇格も同じことです。失敗したとき、女性だからと思わないことが肝要です。

・研修の機会を均等に

女性の職務が事務系に集中していますので、いままでの研修はきわめて偏ったものとなっています。女性にも多様な機会を与えるべきです（女性の参加者の意識の高さを各金融機関の研修会などで日頃から実感しています）。

・血の通った制度運用を

産休・育休など制度が整ってきました。しかし、残念ながら当事者が安心して申請できる職場環境にはなっていないように思われます。有給休暇消化率、産休・育休取得状況、女性管理職の比率などを内外に開示（職員だけでなく、就職活動をしている学生たちに明示）すべきです。開示することにより、職員を大切にする企業であること、当初の数値は低くても問題意識をもって改善に向けて努力している姿は確実に伝わるはずです。また、自らに開示するというプレッシャーを与えることで、制度の運用を劇的に改善できるのではないでしょうか。

女性は人事異動、昇進、結婚、出産など転機を迎えた先輩女性が、企業側からどのような処遇を受けたかをみて、自分が同じ立場に立ったときの判断基準にしています。女性が生き生きと働ける職場、ＥＳがＣＳを生む職場への転換は決して容易ではありませんが、覚悟を決めて取り組むことを、時代は求めています。

ちょっと コーヒーぶれいく

コストを使わず心を使う

その場の雰囲気でコミュニケーションのとり方も変わってきます。

同じパーティーでも、お金をかけても盛り上がりに欠ける場合もありますし、ちょっとした心配りで和やかなパーティーになることもあります。

東京芸術大学で開催される国際ホスピタリティ研究センター主催のホスピタリティ・ビジネス会議後のパーティーは、後者の典型だと思います。

コストがかかっていないことは一目瞭然かもしれませんが、そんなところに目がいくことはありません。ホスピタリティを掲げる会議の主旨を反映させて、参加者を楽しませる気概に満ちています。

会議は、もてなしやパーティーを期待するほどの会費が集められているわけではありませんが、会議を運営する青柳新吾・石丸雄嗣

どこにでもある紙コップがキャンドルの光で、目移りするほどの輝きに

両氏の心躍らせる企画が嬉しいのです。

この時は、紙コップのなかにキャンドル、チーズ、フランスパン、ビスケット、イチゴ、ナッツなどが収められ、きれいに並べられていました。ワインやコーヒー片手に話が弾んだことはいうまでもありません。

料理そのものに見栄えを求めればコストがかかる。手間はかかるがホスピタリティで飾れば心に響く。

相手に精神的な負担をかけることなく、さりげない温もりのあるおもてなし。それがホスピタリティの極意かもしれません。

第4章

地域金融機関とホスピタリティ

金融機関は横並び護送船団方式から脱却できていない

金融機関がサービスやCSで成功するためのポイントは何かと問われることがあります。その時必ず申し上げているのが、金融機関はきわめてクリエイティブな視点に欠けた官僚的な体質であり、そこからの転換ができていないということです。

まず、自分たちのポジションを確認すること、自分たちの業界が護送船団方式と呼ばれた金融政策のなかでお客様の利便性などサービスの視点から離れた存在であったことを理解してはじめて、その改善には強く、そして徹底的に取り組むことが必要であることがわかります。

戦後、日本の金融機関は長い間、国策で守られてきました。日本の発展を支える安定した資金を供給するために、金融機関を規制でがんじがらめの護送船団方式と呼ばれる金融政策で守ってきたのです。潰れないかわりに自由もない、ある意味ぬるま湯に浸かっていたのです。

景気の波はありましたが高い経済成長が長く続きました。預金を集めさえすれば資金需要はいくらでもある。そんな貸手市場のなかで気づかぬうちに創業の精神を忘れ、貸してやるという金融機関本位の考え方や、強い行政指導のもとで規制を守るあまり融通が利かないきわめて官僚的な業界になっていたのです。

一九九六年一一月、第二次橋本内閣で金融政策の大転換が打ち出されました。日本版ビッグバンと呼ばれるフリー、フェア、グローバルを三原則とする金融システム改革です。一九九八年に金融システム改革法が施行され金融自由化、規制緩和へと大きく舵が切られました。金融機関は価格（金利）や取扱商品を自分の裁量で決められない、まるで専売公社のような状況から転換することになったのです。

金融機関がすべての預金金利を自分たちの裁量で決定できるようになったのは一九九四年、わずか一七年前のことですし、金融ビッグバンによる規制緩和もわずか一五年前のことです。

金融ビッグバンにより時代は金利自由化、規制緩和、自己責任へと転換しました。これにより外国資本の銀行の進出や異業種からの金融分野への参入も予想されました。当時の大手行のトップは皆、「これからは金融機関もサービス業である、金融機関もお客様に選んでいただくためのサービス競争の時代に突入した、われわれはそのなかで勝ち残る」という主旨の発言をしていました。

しかし、残念ながら金融機関を取り巻く環境は厳しいものでした。行く手に大きく立ちはだかっていたのはバブル崩壊による不良債権の問題でした。不良債権を抱えた大手行を含む多くの金融機関に公的資金が投入されました。金融機関の多くはＣＳやサービス競争より、まず経営を立て直し、生き残る必要があったのです。合併や経営統合など効率化が進みました。業績のあがらない店舗はそれ自体が不良資産と考え、店舗の統廃合が行われました。

やがて金融機関は不良債権処理にメドをつけ、自由化、規制緩和により保険業務、投資信託、デリバティブなどさまざまな新規業務への参入を加速しました。しかし、残念ながら業務は拡大してもCSやサービスが高い評価を受けている金融機関は多くはありません。現在、金融機関の経営を担っている幹部、経営者が護送船団方式のもとで育った世代であるからかもしれません。金融機関本位からお客様本位への企業風土の転換が遅れているのです。

創業の精神・強みを生かす

ここからは、地域金融機関、特に協同組織の金融機関にスポットを当てて、CS・サービス・ホスピタリティを考えます。

メガバンクなど大手行に比べ地域金融機関に共通する強みは何でしょう。それは「お客様に近い」「お客様の顔がみえる」ことではないでしょうか。

「お客様に近い」とはお客様と同じ地域のなかで共生していることです。

そして、「お客様の顔がみえる」とは個々のお客様を認識できることです。

このことはホスピタリティを考えるうえでは特に重要になります。個々のお客様を知っているからこそ、お客様のニーズに応じたきめ細かな対応ができるのです。

もう少し説明を加えれば、地域の特色を知り、個々のお客様を理解しているからこそ全員一律のサービスではなく、個々のお客様に応じたホスピタリティを発揮できるのです。

マスを対象にした大手行はホスピタリティは発揮できないとまではいいませんが、どちらかといえば効率的な全員一律のサービスを提供するのに適しています。特に大手行では個人顧客は店頭誘致が基本です。地域金融機関、特に協同組織の金融機関では、営業地域に営業担当職員を数多く投入し、お客様一人ひとりのご自宅にお伺いして個別対応することはむずかしいのです。

また、信用金庫、信用組合、労働金庫、農業協同組合など協同組織金融機関は「相互扶助」「非営利」の創業の精神から生まれています。地域のため、組合員のために生まれた協同組織金融機関にはお互いを尊重しながら助け合うホスピタリティの下地があります。創業の精神のなかに存在価値があるのです。

どんなに協同組織の金融機関が努力してもブランド力、資金量、ネットワーク、サービスの品揃えなどではメガバンクなど大手行に勝つことはできません。

私どもは、利益や規模を追求する大手行と同じ道を歩むのではなく、創業の精神を大切に地域とお客様（会員・組合員）を中心に据えて、「お客様に近い」「お客様の顔がみえる」強みを発揮してはじめて大手には不可能な温もりのある接遇、独自の特色のある商品、きめ細かなサービスを提供できるのです。

創業の頃、協同組織金融機関の経営は、会員や組合員のなかから選ばれた会員・組合員により運営されてきました。経営者は会員・組合員に近い存在で、会員・組合員の代表として会員・組合員と意識を共有していたのです。農業協同組合のなかには、いまでも非常勤理事を数期務めた組合員のなかから組合長を選出することを実践している組合があります。組合が組合員に近い存在であり続けるために創業の頃の仕組みを残しているのです。

時代は流れ、取り巻く環境も大きく変わり、規模も拡大し、高度なガバナンスを求められる現在、経営が専門化することはやむをえないことかもしれませんが、そうであるからこそ協同組織金融機関は創業の精神を忘れてはなりません。自分たちは「会員・組合員に近い金融機関になっているか」「会員・組合員の顔がみえる活動をしているか」を判断の基準として絶えず確認する必要があるのです。

昨年、『もし高校野球の女子マネージャーがドラッカーの『マネジメント』を読んだら』（ダイヤモンド社）がベストセラーとなりました。ドラッカーは「組織が存在するのは組織自身のためではない。企業をはじめとするあらゆる組織が、社会の機関である」「組織は世のため人のためのものである。世のため人のためのものになるとき、組織は繁栄する」との主旨の言葉を述べています。

その言葉を借りれば「協同組織金融機関は地域のため、会員・顧客のためのものである。地域のため会員・顧客のためのものであるとき、協同組織の金融機関は繁栄する」ことになります。

ごく当たり前のことですが、時代が変わるなかで地域やお客様のニーズが変化していることを認識し、地域やお客様のニーズに応えることを求められているのです。自らが融通の利かない官僚的な体質にならないよう、お客様が求めるニーズに柔軟にそして創造的な視点で挑戦することが求められています。

キーワードは「非効率」

もう一つ協同組織の創業の精神と強みに関連したキーワードがあります。それは「非効率」です。

巣鴨信用金庫では「喜ばれることに喜びを」をモットーにお客様本位のサービスとホスピタリティに取り組んできました。金融機関にとって手間のかかる面倒なサービスは、逆にお客様にとっては便利なもの、喜んでいただけるのではないか。そんな思いを込めて「喜ばれる非効率」を徹底してきました。

協同組織の金融機関にとって「非効率」にはもう一つ深い意味があります。信用金庫など協同組織の金融機関の設立には「非効率」が宿命として埋め込まれているのです。

営業地域が限定されていること。

会員・組合員をおもな対象として個人、中小企業など取引先が限定されていること。

小口多数、大口の融資が規制されていること、などです。

信用金庫はどんなに経済環境、地域環境が変わっても地域から逃げ出すことはできません。コストを優先すれば大口調達、大口融資が効率的ですが、そんなことは許されません。経済効率を優先するのではなく、個人や中小企業に資金が回るように、どんな時代でも地域のお客様を大切にコツコツと地道に地域金融に取り組むことが相互扶助、非営利の創業の精神に込められ、求められているのです。

手間はかかってもお客様との接点を大切に「非効率」を大手行にはない強みとして心に刻めば、考え方も業務展開もよい方向に転換することが可能です。

巣鴨信用金庫では、巣鴨の口座で年金を受け取っていただいているお客様を対象に、年金の無料宅配サービスを行っています。お届けする対象先はお身体の具合が悪いなど一定の条件があるのですが、サービスの検討段階で年金宅配を統括する部署や実際に担当する現場から「そんなサービスをしたら仕事が回らなくなる」と強い反対意見がありました。スタートしてみればそんな混乱はありませんでした。

同じ年金受給者向けサービスで偶数月の一五日の年金振込日にちょっとしたプレゼントをする「年金感謝デー」も実施しています。年金感謝デーは多くの金融機関で実施していますが、多くの金融機関ではサービス品としてラップ、コップなど管理が楽な家庭用品を選択していますが、巣鴨ではリンゴ、バナナなどの果物やジャガイモ、ニンジンなどの生ものをプレゼントしています。お客様には大変好評なのですが、生ものですから鮮度や品質管理が大変です。

管理しやすい効率的なサービス品ではなく、お客様に喜んでいただく、そのことを第一に選択した結果が、管理の大変な非効率なサービス品だったのです。

年金感謝デーは始めて十数年経ちますが、心配したようなトラブルもなく、管理も思ったほど負担ではありませんでした。

案ずるより産むが易し、まずチャレンジする。そしてトラブルがあれば解決すればよいのです。

「協同組織金融機関は地域のため、会員・顧客のためのものである。地域のため会員・顧客のためのものであるとき、協同組織の金融機関は繁栄する」

協同組織金融機関の強みは、相互扶助と非営利の創業の精神のなかに込められています。「お客様に近い」「お客様の顔がみえる」そして小口多数の「非効率」をおそれず徹底することです。

地域活性化・お客様の本業を支援する

信用金庫・信用組合など協同組織地域金融機関の預貸率が五〇％台半ばまで低下しています。信用金庫の貸出金はバブル後の一九九八年度末、七一二〇億円をピークに減少に転じました。その後、上下の変動がありますが、減少傾向が続き二〇一〇年度末、六三七〇億円台にとどまっています。バルブ崩壊前、一九八〇年代には預貸率七〇～八〇％台は当たり前、なかには九〇％を超え、流動性リスクさえ問われた頃とは隔世の感があります。言いすぎかもしれませんが、五〇％を割り込むことにでもなれば協同組織金融機関の存在意義さえ揺るがしかねない重大な問題です（左記グラフ参照）。

貸出金減少の要因は、失われた一〇年といわれたバブル崩壊後の経済環境の悪化にありますが、もう一つ気になることがあります。それは事業所の減少です。総務省の事業統計をみると、二〇〇一年度、二〇〇六年度比較で事業所数が六二七万九〇〇〇から五九〇万三〇〇〇へ三七万六〇〇〇先減少しているのです。そして規模別にみると、従業員一～四名の事業所が▲三一万七〇〇〇先、従業員五～九名で▲七万八〇〇〇先となっています。まさに、信用金庫の主要な顧客となる事業所が減少しています。事業所数の減少は、少子高齢化の影響で一五歳から

信用金庫の預金・貸出金残高推移

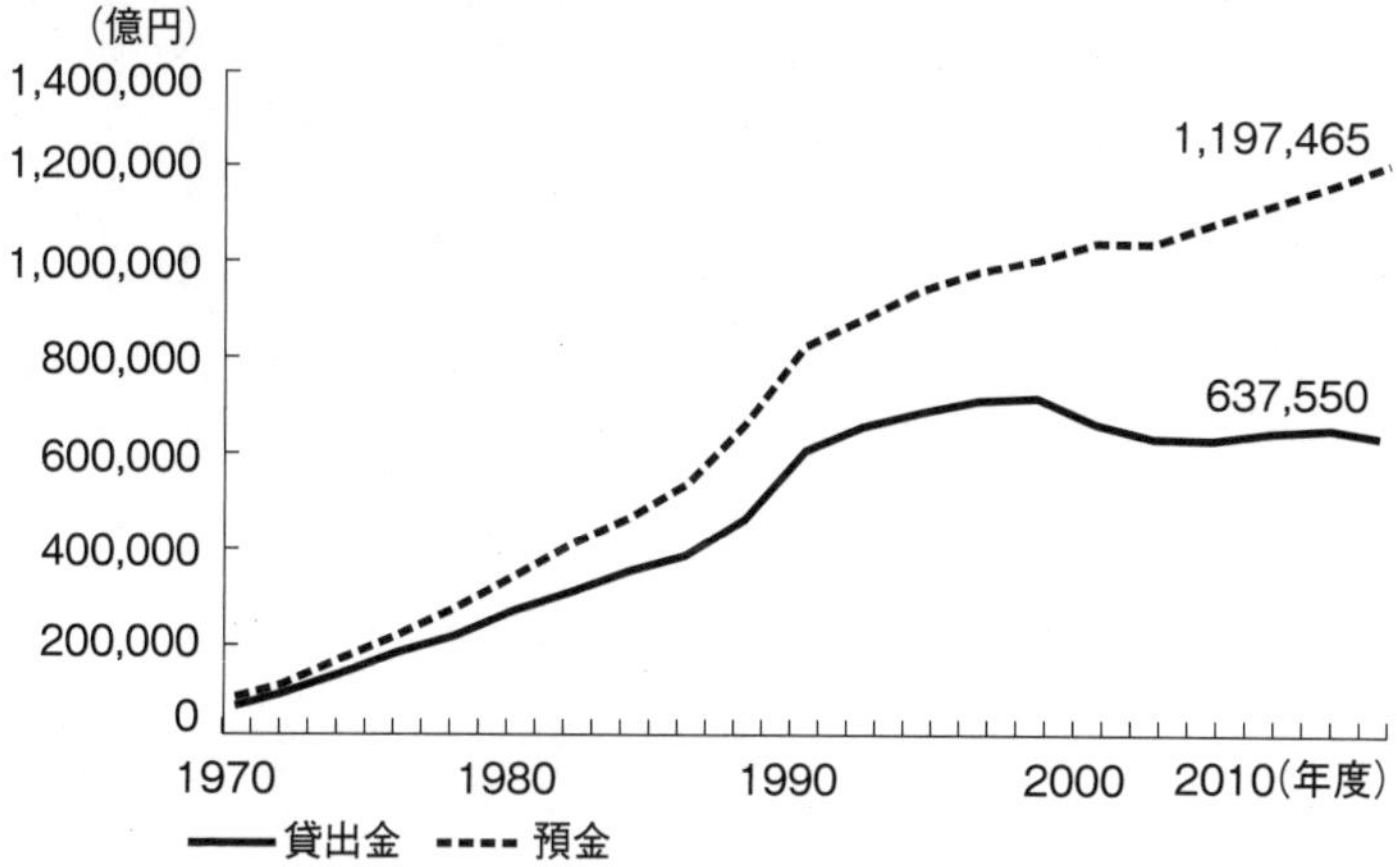

信用金庫の預貸率推移

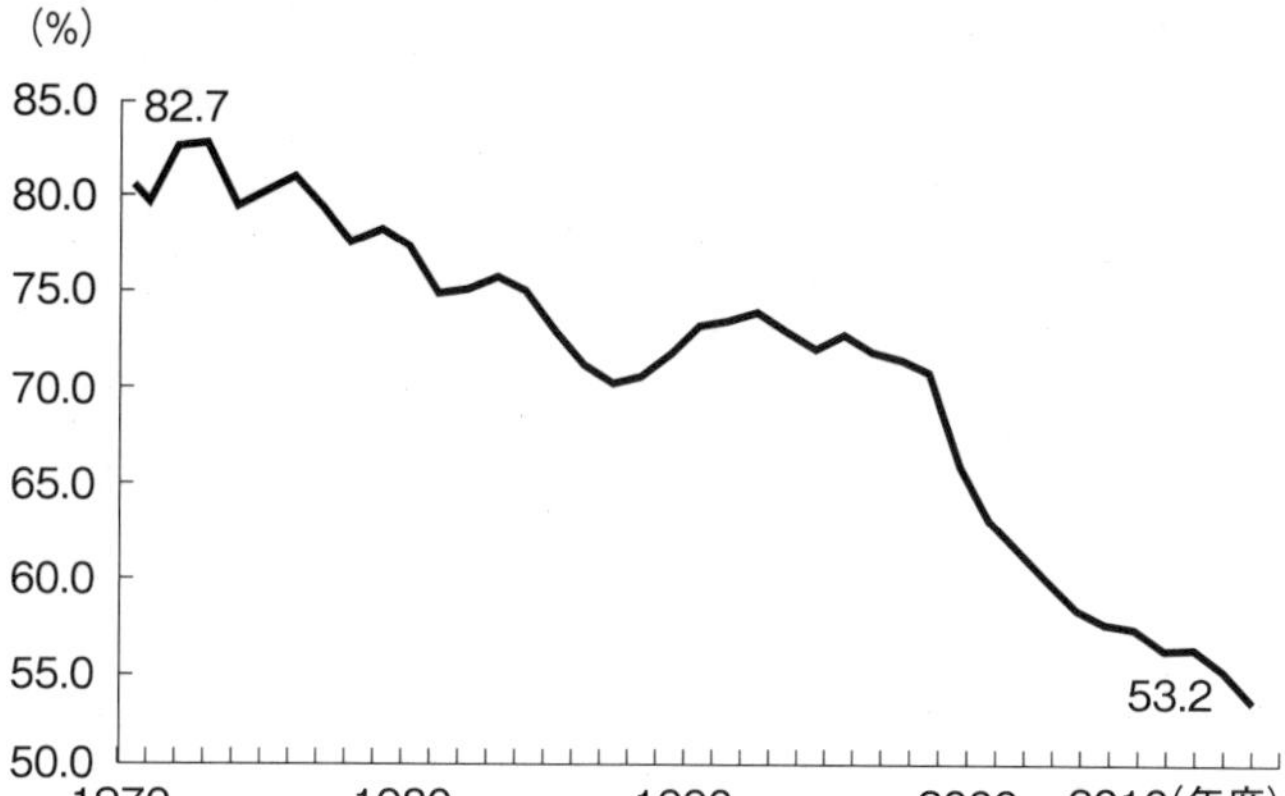

上記グラフは信金中央金庫「全国信用金庫主要勘定」より作成。

六四歳までの生産年齢人口が一九九五年をピークに減少に転じていることも要因の一つであることが想定されます。

地域金融機関は、地域で集めた資金を地域の企業につなぐ、金融機能の一翼を担ってきました。戦後からバブルまで、景気の変動はありましたが、おおむね旺盛な資金需要に支えられ預金も貸出金も順調に推移してきました。それがバブル崩壊後の日本経済の長期低迷が続くなかで地域企業の事業所数の減少、資金需要の縮減に加えて自由化、規制緩和、早期是正措置などのさまざまな金融政策の変化も加わり預貸率の減少が顕在化し加速しています。

金融機関の立場から考えれば、貸出金を伸長させることが課題となりますが、会員、取引先である事業先の視点でみるとどうなるのでしょう。預貸率の低下は協同組織の金融機関だけではありません。金融機関全体の問題です。大手企業は間接金融から直接金融に調達を多様化させています。いまではメガ、地銀大手も含めて地域企業も大事な取引先となり、以前にもまして競合が激しくなっています。地域企業は資金を調達しようと考えれば、どの金融業態からでも調達が可能となっているのです。

ホスピタリティとは、顧客が声にしていない願望をもとらえて応えることです。問題は地域企業、中小企業の望むものは何か、どんな行動で顧客の期待を超えるかにあります。資金はどの金融業態も潤沢なのですから、資金供給、貸出をするだけでは、お客様の期待に応えることも、選んでいただくこともできません。

自戒の念も込めて振り返ると、私たちは金融機関として、もっぱら私たちの本業である金融面、資金を供給することを使命と考え、また自らの資産（貸出金）保全のための経営改善・財務改善指導などに偏りすぎていたのではないでしょうか。

私は四〇年あまり金融機関に在籍しました。融資審査も一〇年あまり経験し融資業務にある程度精通し、業種別の特色などの知識もある程度得たと思っていました。

本書のなかで浜松の柳原新聞店、東京の廃棄物処理業・白井グループなどを紹介していますが、たとえば新聞配達店の変則的な就業時間、それに伴う人事管理のノウハウ、廃棄物処理業の実情や課題などを聞き、金融機関が財務分析・審査に偏った視点での知識しか持ち合わせていないことをあらためて感じました。

新たな視点は「どんなかたちでお役に立つか」

いままでの金融機関のお客様をみる視点は、あくまでも審査という切り口です。融資という自分たちの業務を円滑に運営するための手法を磨いてきたのです。地域の発展、お客様の成長を願い、お客様の本業を支援するためには地域企業の多様な業務内容を理解し、金融機関として「どんなかたちでお役に立つか」という視点に転換しなくてはなりません。

金融財政事情研究会から『業種別審査事典』が出版されています。金融機関の特に融資業務に携わる行員・職員にはなくてはならない書籍です。たとえば今後は、地域企業活性化のために『業種別事業サポート事典』が出版されるぐらいにまで、金融機関が組織と人材、そしてネットワークを生かして、本気で取り組まなくてはなりません。転換することができれば地域企業、地域金融を取り巻く状況は必ず改善されるはずです。

一部の金融機関ではホテルや旅館などに、社員・職員を長期間派遣するインターンシップの取組みをスタートさせています。ただ単にサービス業としての接客マナーを吸収するためでなく、お客様の本業を支援するために、お客様を知る。その視点が加われば有益な取組みに発展するはずです。

信用金庫の先進的な取組み

二〇一一年四月の大手全国新聞に、多摩信用金庫の価値創造事業部・部長、長島剛さんが「凄腕つとめにん」というコーナーで大きく取り上げられていました。多摩信金の同部では地域経営者の「よろず相談役」として商談会の開催などを通して地域企業や地域の発展に寄与することが仕事です。地元の大学・行政と連携して「多摩・武蔵野検定」の名称でご当地検定などをスタートさせるなど業務の範囲を広げています。多摩信金では、ほかにも、創業支援を目的としたインキュベーション施設の開設、中小企業の活性化と地域経済の振興を目的に「多摩ブルー・グリーン賞」を設置するなど信金業界のなかでもその取組みは高く評価されています。記事のなかでは、一年間で引き合わせた企業の数は三〇〇四社と紹介されていました。数にこだわるような報道には違和感があります。信金サイドでは現実的なビジネスマッチングのむずかしさを知っているはずですから、三〇〇四社の掲載は信金サイドから望んだことではなく新聞社がタイトルとして使ってしまったのでしょう。いずれにしても、多摩信金・価値創造事業部の仕事は、短期的な利益には結びつかないことが多く「それが許される多摩信の風土に感謝している」と紹介されていました。「地域の活性化を図ることが信金の務め」であることを実践している素晴らしい取組みです。

この記事で感じたことがもう一つあります。金融機関は横並び体質で特定の個人が目立つことを避けてしまうことが多いのですが、この記事が個人にスポットを当てていたことです。価値創造事業部を担当されている常務理事の加幡英雄氏には業界の会合などで何度かお目にかかっていますが、同理事や経営陣の理解や配慮があってのことと拝察いたしました。これも、時代の変遷と厳しい経済環境のなかで、既成の概念にとらわれることなく突破口を見つけるためには、多彩な人材が求められていることの証ではないでしょうか。これを機に各地で頑張る信金マンに光が当たるようになればと思います。

地域の活性化に注力しているのは多摩信金だけではありません。巣鴨信用金庫の着手も早く、二〇〇二年に本部業務部内に「ビジネスサービスデスク」の名称で地域事業者のための「よろず相談窓口」をスタートさせています。コンセプトは、地域事業者であれば巣鴨信用金庫との取引の有無は問わない、ご相談いただければ、どんな課題でもできる限りのお手伝いをする「ビジネス・コンシェルジュ」でした。当時、金融機関の先進的な取組みとして『週刊金融財政事情』(金融財政事情研究会)などで大きく取り上げていただきました。

現在は、二〇〇九年に事業創造センター、愛称S－BIZ(エスビズ:スガモ・クリエイティブ・ビジネス・センター)を開設し、企業支援のノウハウを学んだ専門のビジネス・コーディネーターが金融面のサポートだけではなく、販路拡大・事業転換・創業支援・連携(コラボ)など地域事業者のあらゆる相談に応じるとともにビジネスフェア「四の市」の開催などにも取り組んでいます。また、二〇一〇年四月には本店所在地である豊島区と連携し、「としま・ビジネス・サポート・センター」愛称「としまビジサポ」を設立、ビジネス・コーディネーターを派遣しています。地域事業者をサポートするために「信金」と「行政」が連携した新たな取組みとして注目を集めています。

地域価値向上

地域金融機関が、地域活性化を考えるうえで参考になる事例があります。沿線価値向上を掲げた、ある首都圏私鉄の取組みです。首都圏のほとんどの私鉄では乗客が減少しています。本格的な人口減少はまだ始まっていませんが、団塊世代の大量退職による通勤客の減少、そして少子化による通学客の減少がその理由です。

私鉄は鉄道施設とともに沿線の宅地開発を進め、デパート、スーパーなどの商業施設を駅前に開業し利便性を向上させ利益に結びつけてきました。乗降客の減少とともに、その構造が大きく変化しているのです。

京王電鉄では、かねてより総合企画部に沿線価値向上チームを設け乗降客の減少の対応策を検討してきましたが、二〇〇八年六月、事業推進部に沿線価値向上担当を設けました。

京王電鉄では鉄道事業者としての基本となる「安全の確保」とともに、少子高齢化が進むなかでも、京王沿線が将来にわたり活力を維持できるサイクルをつくりあげるため、「住んでもらえる・選んでもらえる沿線」づくりを目指して、子育て支援や生活サポート・サービスに取り組んでいるのです。

お客様のさまざまなニーズを収集し、暮らしに役立つサービスを提供していくサービスカウンター「京王ほっとネットワーク」を開設。お客様の「こんなことが、あればいいな、してもらいたいな」にお応えする「生活サポート・サービス」を提供しています。

現在沿線の三つの拠点などで提供されているサービスは

●住まいの〝ほっと〟サービス

住まいの小規模修繕、引越し、不用品処分、庭木のお手入れなど

●家事の〝ほっと〟サービス

お部屋・キッチン・バス・トイレの掃除や片付け、洗濯・アイロン掛け、草むしりなど日常家事のお手伝い

●お買いもの〝ほっと〟サービス

・お買いもの代行

京王ストアのホームページからの注文商品をお客様宅へお届け

・店頭お買上げ商品当日宅配

京王ストアで購入した食料品など生活に密着した商品を、配送料三〇〇円（買上げ代金五〇〇〇円以上は無料）でお客様宅にお届け

●安心の〝ほっと〟サービス

・シニアセキュリティサービス

万が一の場合の緊急通報、安否確認などのサービス

・ホームセキュリティサービス

総合警備保障と提携した最新のセキュリティシステムで住まいを二四時間見守り

・パソコン・デジタル家電訪問サービス

専門技術者がご自宅に伺ってパソコンなどのお悩み解決

などがあります。

これらのサービスはどちらかといえば高齢者向けのサービスですが、女性の社会進出に伴う子育て支援サービスにも取り組んでいます。駅に近い施設を利用して「京王キッズプラッツ」の名称で東京都の認定保育所や子育てファミリーサロンの運営にも乗り出しています。

沿線価値向上担当者は「まず、沿線地域を元気にすることを目指している。利益向上が直接の目標ではないが、企業としての取組みであるからコストとのバランスを考えながら試行錯誤している」と語っています。家事サービスやセキュリティ・サービスなど、従来の鉄道事業の枠を大きく飛び出した取組みであることは確かです。直接、鉄道事業に関係はないが視点を遠く将来において、足元の地域住民の細かなニーズに応える取組みに共感がもてます。

私鉄も地域金融機関も地域からは逃げ出せない

私鉄は地域の取り巻く環境がどんなに変わっても、地域から逃げ出すことはできません。かといって、新規の路線開設もむずかしい。その点では地域金融機関ときわめて似ているように思います。メガバンクは地域の経済環境の変化によっては営業地域の変更・撤退、店舗の統廃合も可能かもしれませんが、地域金融機関はどんなことがあっても地域から逃げ出すことはできません。

私鉄の乗客が減少傾向にあるように、都市部では個人事業者、事業所数の減少が続いています。小売店がコンビニエンスストアなど大手チェーン店に転換し、地域金融機関のお客様となる地域の事業者が減少しているのです。

質の高い金融サービスを提供することは当然のことですが、本業である金融サービスを継続するためにも、遠回りでも、まず地域を活性化することへの取組みが求められています。私たちにはノウハウもありません。短期間で成果を期待することはできませんが、地域金融機関の存在をかけて長期的な視点で取り組まなくてはなりません。私鉄に「沿線価値向上担当」、すべての地域金融機関に「地域価値向上担当」がいる。ごく自然のように感じます。

特色を生かして

当局がリレーションシップバンキングを掲げた一〇年ほど前から、地銀・信金大手を中心に物産展・ビジネス交流会・ビジネスフェアなどを開催する動きが出てきました。これは、ただ単に預貸率の低下を嘆いているのではなく、まず地域を活性化するところから始めようとする試みです。

金融機関の本業である金融支援は当然のこととして、一歩踏み込んで地域活性化や会員・顧客の本業をサポートすることから始めるのです。ビジネスフェアはその一環です。先行する金融機関のなかには、地方公共団体や事業者団体と連携して実績をあげ、地域の企業から高い評価を得ているところもありますが、その数は決して多くはありません。

金融機関のビジネスフェアの多くはホテルやイベント会場を借り、一〇〇～二〇〇社の出店を得て開催していますが、残念ながら労力とコストの割に集客に苦労しているようです。

巣鴨信用金庫では、二〇〇九年二月から本店三階ホールを会場に「四の市」と呼ぶビジネスフェアを開催しています。ホールは二〇〇坪ほどで出店ブースも二〇あまりと規模は決して大きくありませんが、毎回四〇〇〇名を超える来場者で賑わっています。

「四の市」は入場待ちの行列ができるほどの賑わいとなりました

お客様のご支持をいただいた要因は「おばあちゃんの原宿」として有名な巣鴨の「四の日」のお地蔵様の縁日の賑わいを生かし、シルバー層向けのB to Cのビジネスフェアに特化したことにあります。

一回当りの出店数の少なさは開催頻度を上げることでカバーする。

ブースの使用料は無料で基本的な経費はすべて信金が負担する。

そして、各ブースをサポートするために本部・営業店から毎回数十名の職員を動員して運営をサポートしています。

事業者からは販売促進、情報発信の場として期待を超える成果に結びついたと喜ばれていますが、それ以上にサポートした職員から出店企業の事業の内容がよくわかった、出店者との一体感が得られたとの声が寄せられています。

「四の市」は、相互扶助の創業の精神を生かす場は本業である金融業務だけではないことを認識する絶好の機会となっています。

補聴器・ステッキずらり展示

巣鴨信金、高齢者向けフェア

来月　参加20社の拡販支援

巣鴨信用金庫（東京・豊島）は二月二十四日、高齢者向けのビジネスフェアを本店で開催する。補聴器やステッキといった商品のメーカーなど約二十社が出展。同信金は「おばあちゃんの原宿」と呼ばれる巣鴨に本店を構える。高齢者向けビジネスで地域活性化に貢献する。

巣鴨信金は毎月、四の付く営業日に本店のホールを休憩所として開放し、お茶とせんべいを無料で振る舞っている。今回のビジネスフェアは同じ場所で開催。開放日には約三千人が訪れているという。フェア当日は四千—五千人程度の来場を見込んでいる。

出展者は同信金の取引先に限らずに広く募集した。補聴器などのほか、いす式階段昇降機、転倒した際の衝撃を和らげて骨折を防ぐパンツといった高齢者向け製品を紹介したり販売したりする。各地のＪＡや自治体も出展する。出展料は無料で、開催にかかる費用は同信金がすべて負担する。

田中実常務理事は「今後、できれば四半期に一回くらい開きたい」と話す。取引先の販路拡大を支援するほか、新規取引先の開拓にもつなげたい考えだ。

日本経済新聞（2009 年 1 月 27 日付朝刊）

組合員の生涯のパートナー・ＪＡ

金融業界は業態ごとに協会や関連機関・団体があり、信用金庫に在籍していても、銀行など他業態の情報は業界誌や大手紙が取り上げる情報に限定されるのが実情です。そんななかで、私は幸いにも在職中からＣＳやホスピタリティを媒介に他業態の皆様と交流することができました。なかでも、株式会社農林中金総合研究所の常務取締役である鈴木利徳氏とは、ご縁があって一〇年ほど前から情報交換をさせていただいており、巣鴨信用金庫が二〇〇九年二月に、高齢者向けビジネスフェア「四の市」を初めて開催した折には、三つのＪＡにブースを出店していただくとともに、農林中金総合研究所には後援団体としてお力添えをいただきました。考えてみれば、個別ＪＡのイベントを信用金庫の団体が後援するようなことですから無茶なご依頼だったかもしれません。ご尽力いただいた鈴木氏のホスピタリティには感謝しております。

ＪＡの業務、組織と人材育成

交流させていただいたなかで驚いたのが農業協同組合の業務と組織の多様性、そして人材育成についてのＪＡ業界の熱意です。講演などご依頼をいただいても、初めの頃は失礼ながらＪＡ全中、ＪＡ全国共済連、県信連などの組織自体がよく理解できておりませんでした。ホスピタリティは個別対応、先様の状況にあわせることが基本です。ＪＡの組織を勉強させていただき、ようやく組織形態、業務内容なども少しわかるようになりました。

二〇〇八年七月に「中小企業者と農林漁業者との連携による事業活動の促進に関する法律」が施行されるなど、農林水産省と経済産業省を中心に、農商工事業者を各種支援策でサポートする動きが活発になってきました。信用金庫など地域金融機関の顧客である商工業者と農業者の連携と考えれば、農業およびそれを支えるＪＡに関して無関心ではいられません。役に立つこともあると存じますので、いままで関心がなかった方のためにＪＡの業務や組織をごく簡単にご説明させていただきます。

ＪＡの事業と組織

•経済事業

農産物などの販売事業・購買事業を指す。

全国レベルの上部団体は全国農業協同組合連合会〈略称・ＪＡ全農〉

•信用事業

預金・貸金など金融業務を指す。

全国レベルの上部団体は農林中央金庫〈略称・農林中金〉

・共済事業

共済事業（生損保に相当する）の業務を指す。

全国レベルの上部団体は全国共済農業協同組合連合会〈略称・ＪＡ共済連〉

以上、三つがＪＡの中核となる事業で、その他の事業として厚生事業、出版事業などがあります。

そして、ＪＡの指導や監査などを行う、全国農業組合中央会〈ＪＡ全中〉が上部組織として存在しています。

このほか、それぞれの事業に都道府県レベルの上部組織も存在するケースがありますので、組織は強力ですが複雑でもあります。

充実した人材育成

個別のＪＡだけでなく、各事業の県、全国レベルの上部組織がそれぞれの事業に関して人材育成に取り組んでいます。

ＪＡグループは、戦前の産業組合時代から優秀な職員を育成する機関として、「産業組合学校」「協同組合短期大学」といった学校教育を展開してきました。この流れは、ＪＡ経営マスターコースとして受け継がれ、ＪＡの幹部職員育成を目的に一九九九年度より一年、全寮制のＪＡ版ビジネススクールとして開設され、毎年三〇名前後の若手職員が全国各地のＪＡから派遣されています。経営マスターコースに派遣される職員に占める女性の割合が年々増加していることも特筆に値します。また、講演を承った二〇〇八年、二〇〇九年のＪＡ全国共済連主催のＪＡ共済担当役員セミナーは、業界の枠を超えて質の高いサービスに触れる、そんな意味も込めてザ・リッツ・カールトン東京が研修会場として設定されていました。信用金庫業界においては全国信用金庫協会を中心に研修体制が構築されていますが、大手信金ほど独自の研修体系を組む傾向にあるようです。ＪＡのさまざまな研修制度、教育施設、カリキュラムは信用金庫だけでなく、協同組織金融機関全体として十分参考になると感じています。

ゆりかごから老後まで

自由化、規制緩和で預金取扱金融機関の業務は飛躍的に拡大しました。それでも、信用、共済そして、農産物に関すること以外にも結婚式場・葬祭場・ガソリンスタンド・温泉施設（組織的には関連企業かもしれませんが）など、さまざまな事業を運営するＪＡとは比較になりません。ＪＡの業務の間口は広く、まさに「ゆりかごから老後まで」、お客様（組合員）の生活、お客様（組合員）にいちばん近い協同組織の金融機関ではないでしょうか。

ある信用金庫の理事長は、経済事業まで事業目的に含まれるＪＡに羨望のまなざしを送りながら「信金を存続会社としてＪＡの業務をそのままに、ＪＡと合併できれば、地域に貢献できるのだが……」と真顔で話をしていました。

ワンストップの強みを生かす

外部からみれば、「ＪＡは多様な業務を展開している」、そう思えますが、ＪＡ内部で働いている皆さんは、自分たちがお客様（組合員）の生涯のパートナーであることを認識されているのでしょうか。多様な業務のなかで働いていると、それが当たり前になって、強みであることへの認識が薄れることがあります。

ＪＡがワンストップで多様なサービスを提供できる唯一の機関である。その強みを認識し、その強みを磨くことが必要です。

業務に多様性があるということは、視点を変えれば、市場のなかで競合する企業が多いということでもあります。信用事業は郵貯を含むあらゆる金融機関と、共済事業は生損保、窓口販売を拡大している金融機関、郵貯などと、そして経済事業はホームセンターやスーパーマーケットなど強敵と闘わなくては勝ち残ることはできません。

組織内の連携を強化する

それぞれの事業の現状に満足することなく絶えず質の向上を図る。そのうえでワンストップの優位性を確実なものとするためには、自らの組織が総合力を発揮できるよう組織内の連携を密にすることです。私の担当は信用事業、私は共済事業とセクショナリズムが先に立つと、円滑な連携ができません。多様な業務すべてに習熟することは困難なことかもしれませんが、一人で解決する必要はありません。担当外のことであっても担当セクションに確実につないでサポートする。連携してお客様（組合員）のニーズにお応えできる体制を構築すればよいのです。優れた業績をあげているJAは、連携がきちんとできているはずです。

マーケティングで「お客様の囲い込み」などと表現されることがありますが、自分たちの成績、企業の業績や利益を優先しているようで、好きな表現ではありません。お客様から「自分のことはJAがいちばん知っている。JAに行けば、すべて解決する」といっていただける、お客様に信頼されるJAを目指すのです。

お客様に選んでいただけるJAになるためには、相互扶助の創業の精神を軸にお客様を起点にすべての業務を考える、そのためにはホスピタリティは不可欠な要素です。

農業は国政に翻弄されてきた面があります。直近では環太平洋戦略的経済連携協定（ＴＰＰ）の問題が取りざたされています。また、今回の東日本大震災においても、津波による田畑の塩害、灌漑・用水施設の被害、福島第一原発による土壌や作物への放射能汚染と風評被害、そして食糧自給率の問題、農業就労者の高齢化など課題は山積しており、農業従事者とＪＡなど関係者の皆様のご心労は計りしれません。日本の農業が置かれてきた特殊性かもしれませんが、一次産業サポートの中核を協同組織の機関であるＪＡが担ってきた事実は、他の協同組織金融機関とは明らかに異なります。あらためてＪＡの皆様に敬意を表します。時代の要請で改革を求められることもあるかと思いますが、ＪＡ関係者の皆様が力を結集して難局を乗り切ることをお祈りしております。

ちょっと
コーヒーぶれいく

道のりは遥か遠く

いつもは温厚な大学教授が珍しく怒っていました。怒りではなく自分がとった行動が報われなかった残念な気持ち、そんなことのようです。

教授は先日、親交のある大手企業の役員からの依頼で、幹部社員セミナーで「顧客満足」に関する題材で講師を務めたそうです。

個人的な予定もあったのですが、「ぜひともご講演を賜りたい」とのお話だったので、知人の顔を立て予定を変更し引き受けました。

セミナーは無事終わり、講演の謝礼は振込みとなったのですが、郵送されてきた明細書をみて驚きました。なんと振込手数料が差引きされていたのです。

教授の怒りは、もちろんお金の問題ではありません。ぜひにとお願いされた講演が、どこでボタンを掛け違えたか、下請け企業同然の扱いとなってしまっていたからです。演題が「顧客満足」ですから、なおさら違和感があったのでしょう。

大切なお客様を失うきっかけは、こんな些細な?ことが原因なのかもしれません。

相手の身になって、相手の視線で考える。企業風土改革への道のりは、遥か彼方のようです。

第5章

大切なのは「志」

規模ではない、業種でもない、大切なのは……

いますべての企業がCSを掲げています。お客様にご満足いただけない企業は事業を継続することができない。そんな認識も共通のものとなっていますし、ホスピタリティに関心をもつ企業がふえています。

それでも、CSやホスピタリティで高い評価を得ている企業は決して多くはありません。どこで差がついているのでしょうか。ある企業を紹介しながらその点について考えたいと思います。

- 外国人のインターンシップの受入れ
- 社員を海外視察に派遣
- 社員をザ・リッツ・カールトンの研修に派遣
- 制服はペットボトル再生素材、綿素材に無農薬のオーガニックコットンを使用しているパタゴニア
- 社内の力を結集してクレドを作成
- 開発した商品のIT・ソフトの開発はインドに発注

・地域の小中学校で環境・エコの出張授業
・オーガニック農家の支援
・ゴリラの保護活動
羅列した項目は、すべて紹介させていただく一つの企業で取り組んでいることです。

これ以上特色を書けば業種がわかってしまうのでここでやめますが、この企業の業種、おわかりでしょうか。


私が巣鴨信用金庫に在籍していたとき、お取引先である白井グループ株式会社様から総務部へ電話をいただきました。金融財政事情研究会から出版させていただいた『ホスピタリティ―CS向上をめざす巣鴨信用金庫の挑戦』を読んでいただき「巣鴨の取組みに感銘を受けた、当社でもCS・ホスピタリティに取り組んでいる。ぜひ、当社社員の研修会で話をしてほしい」そんな内容のご依頼でした。お取引先であり、総務部から連絡を受けた創合企画部の職員がお伺いしてご要望を確認してくることになりました。

依頼先の企業の都心にある事務所で社長に面談することができました。同社の社員数はグループ全体で約二〇〇名ですが、CS・ホスピタリティに熱心に取り組んでいることがわかりました。

2009年9月白井グループ株式会社入谷ベースにて

そして、今回、足立区にある営業所を改築し講堂をつくったこと、プロジェクターなど研修用の設備もあるので巣鴨の取組みを社員に話してほしい、お伺いした職員がそんなご依頼をお受けしました。

そして、日程を調整してお伺いしました。講演当日、私はご案内をいただいた営業所に向かいました。営業所はすぐにわかりましたが、敷地内には改築したと聞いていた講堂らしい建物は見当たりません。

倉庫風の建物から出てきた社員の方に来訪を告げると、建物のなかへと案内されました。そこは、内部を半分に仕切り、奥は事務室に、そして手前がオープンスペースになっていました。

ここが話に聞いた講堂だったのです。ス

ペースには五〇脚ほどの椅子が並べられていました。パソコン、プロジェクター、そしてスクリーンもセットされていました。そして、それらは驚くことにドラム缶を台にしていたのです（落ち着いてみると、お話をさせていただいたスペースは、イベントや現場のスタッフのミーティング会場として、多目的に利用できるようフレキシブルに設計されていました）。

書籍の出版後、講演のご依頼をかなり頻繁にお受けしていました。社長と面談した職員から立派な講堂をつくったという話を聞いて、私はホテルの会議室や大学の教室や講堂的な施設を想像してしまっていたのです。

そんな発想をしてしまったことを恥ずかしく思いました。そして、その思いは講演を始めて、いっそう強くもつことになりました。聴講する社員の皆さんが実に熱心に耳を傾けてくれたからです。

実は同社の業種は廃棄物処理業なのです。廃棄物処理業は３Ｋの代表的な業種かもしれませんが、同社は廃棄物処理業を地域に必要不可欠なインフラ、環境ビジネスであり、そしてサービス業であると位置づけています。

ＣＳ・ホスピタリティの取組みが「業種」ではない、

「規模」でもない、

そして「設備」でもない、

「志」だと感じた瞬間でした。

「志」があればどんな取組みもできるのです。

環境ビジネス・サービス業への転換

後日、白井グループ株式会社の白井徹社長からお話をお伺いする機会をいただきました。以下でご紹介させていただきます。

■ ■ ■ ■ ■

同社の創業は一九三三年、グループ各社を含め、年商約二五億円、従業員二〇〇名の廃棄物処理では中堅の企業です。

同社のホスピタリティへの取組みは、自分たちをサービス業と位置づけたことから始まりました。いわれてみれば廃棄物処理業は業種分類ではサービス業になりますが、白井グループ以外に自分たちをサービス業と認識している業者はないのかもしれません。

白井グループの車両基地

廃棄物処理業界ではコストの七〇～八〇％を運送が占めています。そして、莫大なコストがかかる最終処分場や大型の焼却設備、リサイクル工場をもつ大手がシェアを握っています。廃棄物処理は装置産業の様相を呈しているのです。

新卒採用を起爆剤に

東京の廃棄物処理業は、驚くことにすでに江戸時代には存在していました。現在の廃棄物業界大手は、家業としてその頃から引き継がれたところが多いようです。また、廃棄物処理業界はどちらかといえば閉鎖的な業界で、受注するには許認可をめぐり政治力が必要、そんな時代もありました。

そんななかで中堅の同社が成長するためには、生産性を向上し、何か付加価値をつけるしかない、そのためには必要なものは人材である、そんな結論に達しました。

営業が頑張って民間企業へ飛び込みで行っても話さえ聞いていただけないことが多く、聞いていただいても契約をいただけることはありません。担当者に業者を選択する気持ちなどないのです。

時間はかかるかもしれませんが、いままでと違ったかたちで、生産性を高め、地元に密着し、地域での評価を高めるところから始めたのです。

いままでの廃棄物処理業の概念にとらわれない新しい発想のできる人材をと考え、六年前の二〇〇五年から新卒の採用を始めました。

新卒採用にあたっては白井グループの経営理念や仕事への取組みの姿勢を正確に伝えることが必要です。サービス業として転換を図り、必要なマナーを身につけようと社員をサービスやホスピタリティで高い評価を受けているザ・リッツ・カールトンの研修に派遣するなかでクレドの存在を知ることができました。同社では社員を含めて議論を行い経営理念や志をクレドとしてまとめました。そしてそれを毎年、自社の手帳に記載し社員全員に配り、朝礼やミーティングなどでクレドを唱和するなどして浸透に努めています。

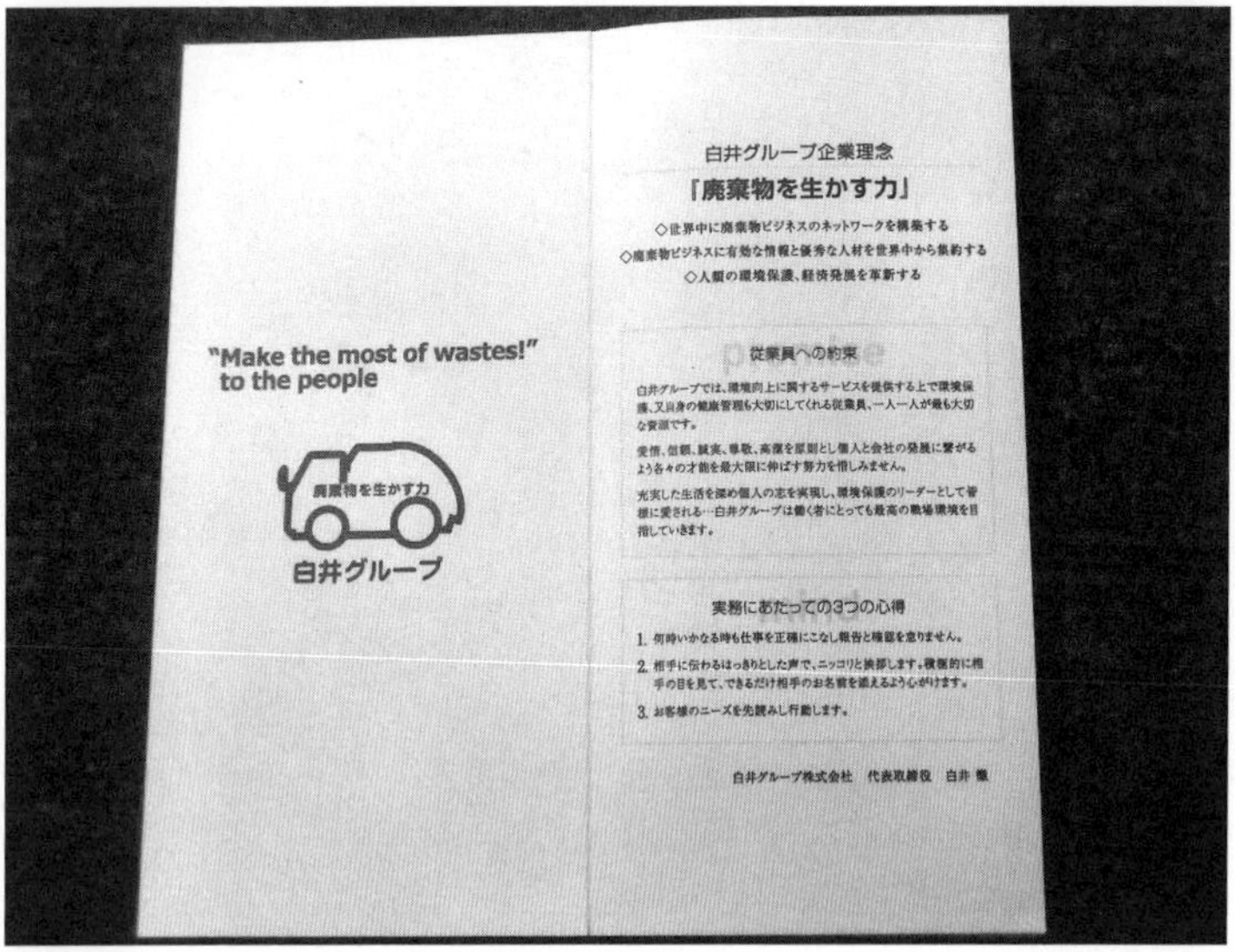

表紙裏にクレド記載されている手帳

白井グループの企業理念

「廃棄物を生かす力」

- 世界中に廃棄物ビジネスのネットワークを構築する。
- 廃棄物ビジネスに有効な情報と優秀な人材を世界中から集約する。
- 人類の環境保護、経済発展を革新する。

白井グループのクレドは上記の企業理念のほか、

- 従業員への約束
- 実務にあたっての3つの心得
- 行動規範

などで構成されています。

海外からのインターンシップの受入れ

インターンシップをきっかけに

就職活動を行う学生さんに白井グループの存在を知ってもらうため、インターンシップを始めました。現在では世界中に廃棄物ビジネスのネットワークを構築するというクレドに沿って外国人の学生の受入れも行っていますが、それが新たな取組みへとつながりました。受け入れた学生の紹介でアメリカ最大の廃棄物処理企業ウエスト・マネジメントとの交流が可能となったのです。

ウエスト・マネジメントを中心とするアメリカ視察では、貴重な情報と体験を得ることができました。

第一は、廃棄物処理企業が社会のインフラを支える環境企業として認知され、社員が誇りをもって働ける企業であると、社長自身が確信をもてたこと。そして、同行した複数の若い社員の胸にもこのことが強く刻まれたことのほうが、会社の将来にとって、もっと大きいかもしれません。

第二は、それはロサンゼルスで目にしたのですが、民間企業（リサイクル企業・廃棄物処理企業）が住民から適正な価格で資源ごみの買取りを行っていることです。資源ごとにキロいくらと価格が明示されていました。日本でも住民からの買取りが行われているのですが、業者間取引が業務のメインとなっているため価格も明示されていないのです。通常の売買では価格が明示されているのが当たり前ですが、日本の廃棄物処理業界は従来の慣習を引きずり一般常識から外れたところにあったのです。

第三は、ペットボトル再生素材や無農薬のオーガニックコットンなどを使用した衣料品を製造販売しているパタゴニアを訪問できたことです。パタゴニアでは日本から環境企業が視察に来たことを知り、社員全員が仕事の手を休め、ウエルカム・パーティーを開いてくれました。パタゴニアのホスピタリティに触れ感動しました。そんなご縁を得て、白井グループでは制服にパタゴニアを取り入れています。

制服はパタゴニア

帰国後、ロサンゼルスの仕組みを参考に日本にあったかたちで資源ごみ回収システムを構築しました。買取りに必要な古物商の免許を取得し、毎月第四日曜日に足立区鹿浜の事業所で「資源ごみ買取市」を開催することにしたのです。「資源ごみ買取市」は地域住民サービスの一環として位置づけ、事務職の社員を含め交代で担当しています。社員が荷降ろしを手伝うなど住民との交流を大切にしたイベントです。

当日は、事前に明示した単価で消費者が持ち込んだ、缶、古紙、ペットボトル、廃食用油の四種類の資源ごみをその場で買い取ります。いま

資源ごみ買取市で名刺がわりに配っている、シードペーパー（植物の種）。資源回収車のかたちをしたペーパーのなかに草花の種が入っています

では一日当り二〇〇名近い利用者があり、リピーター率も九〇%にのぼり、同社にとっては社員が直接お客様と触れ合える貴重な機会となっています。

　利用者からは「子どもの環境教育に役立っている」「買い取ってもらったお金を寄付に充てています」などの声が聞かれるようになりました。このイベントは民間業者の優れたサービスとして認められ、二〇一〇年度リデュース・リユース・リサイクル推進功労者等表彰では推進協議会会長賞を受賞しました。そしていまでは足立区の事業として同社のノウハウのもとで区内全

段ボールでつくられた回収車を持ち込んで環境授業を開催

域へと広がりをみせています。

業界の常識を打ち破る新たな取組み

環境企業として誇りをもった社員の活動は拡大しています。

・回収した生ごみから生まれた有機飼料を伊豆のオーガニック農家に提供。そして、農場での社員の農業体験によりリデュース・リユース・リサイクルの3Rを実体験。

・社員の発案で「千葉県鴨川海岸」「静岡県伊豆下田入田浜海岸」のビーチクリーンを毎年実施。同社のホームページには砂浜でパタゴニアのTシャツを着た社員の笑顔の集合写真が掲載されています。

・地元小中学校では年数回、段ボールでつ

くった清掃作業車の模型を持ち込んで、ゴミの分別、環境・エコ出張授業を開催。

同社でクレドをつくりましたが、当初は「俺たちはホテルマンではない」と反発する社員もいたのです。それが、日頃の業務や「資源ごみ買取市」などで接する地域のお客様の笑顔や、お客様からいただく「ありがとう」の感謝の言葉、そして環境授業を受講した地域の小中学校の子どもたちから贈られた感想文などに接する機会がふえるたびに、サービス業としての認識も進み、マナーも向上していきました。

自分たちの力で3Kのイメージを払拭し、環境ビジネス、そしてサービス業への転換に成功したのです。


リーマンショックで廃棄物処理業界にもコスト削減の波が押し寄せました。同社では事業性のゴミ処理に関しても工夫をしました。宅配などで利用されている、バーコード、GPSを利用した追尾システムを、機密書類の処理に応用したのです。

たとえば金融機関などから処分を依頼された個人情報を含む機密書類はバーコードのついた専用のセキュリティボックスに詰められ、開封することなく回収日中に溶解処理され、処理が終了するとお客様のもとへ運搬したトラックのルートとともに処理画像が配信されるのです。

このシステムの開発はコストの低減を図るため、インドのＩＴ企業に依頼し実現しました。そして、このシステムは他社にもＯＥＭで提供されています。

清掃作業車のドライバーを対象にエコラン・コンテストも実施しています。燃料コストの削減も大きな課題なのですが、直接、燃料コスト削減を掲げるのではなく、環境を前面に打ち出して取り組んでいます。

■ ■ ■ ■ ■

サービスは全員一律ですが、ホスピタリティは個別対応です。そんなことを感じさせる例が社長との面談中にもありました。

先ほどご紹介した「資源ごみ買取市」について社長が言及したとき、社長は若い女性社員に声をかけて呼びました。実際に担当している社員に説明をするように指示したのです。女性社員はちょっと緊張した感じがありましたが、笑顔で生き生きと現場のエピソードも交えて説明してくれました。社員にとって信頼され任されることほど嬉しいことはありません。社長が話をしてもきっと同じ話が聞けたと思いますが、わざわざ社員に声をかけたのは若い社員の責任感を育てるため、説明する機会を利用して「私はあなたを信頼している」そんなメッセージを社員に伝えるため、私にはそんなふうに感じられました。

同社のメールマガジンには女性を含めた業務別の担当者が明示されていて、遠慮なくご相談をと呼びかけています。

モチベーションを上げるために一人ひとりの社員に責任をもってもらう、一人ひとりにスポットライトが当たり、一人ひとりが自分の仕事が世の中の役に立っている喜びを感じられるように、そんな配慮がされています。

どんなに有能な社長（管理者）でも、一人ですべての業務をこなすことはできません。社長（管理者）一人ですべてのお客様に接することもできません。現場の社員一人ひとりのモチベーションを上げ、一人ひとりが能力を発揮できるようにする。そこから創造的な仕事をこなせる人材が生まれ、さまざまな新しい取組みが生まれています。


面談の最後に、社長にいまの課題は何かとお聞きしました。「新しい手法での業務展開を始めて六年、まだまだ課題ばかりですが、『全社、ショールーム化』と名付けた職場環境の改善を計画している」そんな答えが返ってきました。

私がお伺いした本社事務所、入谷ベースと呼ばれる現場事務所も、業界他社からは事務所は利益を生まないなどと揶揄されているほどコストをかけて小ぎれいにされていますが、社員の働く事務所、現場の営業所など社内すべての場所をサービス業としてお客様に来て、みていただけるような明るく働きやすい職場にしたい、そんな気持ちが感じられました。

「廃棄物を生かす力」人類の環境保護、経済発展を革新するとの企業理念を掲げる同社の取組みは着実に前進しています。これまでのチャレンジに敬意を表するとともに、廃棄物処理業界の常識を打ち破る新たな取組みがさらに進展することを心から祈りたいと思います。

考えて、考えて、考えて、考えて解決策が出るまで考える

四年前に金融財政事情研究会で『ホスピタリティ――CS向上をめざす巣鴨信用金庫の挑戦』を執筆させていただいてから、協同組織の金融機関だけでなくさまざまな業態の皆様と情報交換の機会をいただきました。

協同組織の金融機関、特に幹部の方々の反応のなかに、「巣鴨信用金庫の取組みは素晴らしい、でもうちではできない」そんな感想を述べられる方がいらっしゃいました。また、「次々と新しいサービス、商品が生まれる秘密は何か」とのご質問もいただきました。

すべての金融機関、すべての企業がＣＳを目指しているなかで、評価を受ける企業がなぜ少な

いのでしょうか。

私は、こんなふうに考えています。基本的に個人の能力にそんなに差はないと考えます。CSやホスピタリティをどの程度大切に考えているか、優先順位をつけると何番目にくるのでしょうか。利益、業績の後ですか。企業としてCS、ホスピタリティをどのように考えるか、経営理念にどう位置づけされているかが問題です。

企業のCS・ES・ホスピタリティに関する優先順位が高ければ、必然的に社員、職員はその方向に向かうことになります。逆に、利益や業績が優先されるのであれば、CS・ES・ホスピタリティも二の次になります。

経営環境が厳しいのでなかなかCSに取り組めない、ホスピタリティなど遠い世界、そう思っている方もいるようです。まったく逆だと思います。お客様がいて、はじめてビジネスが、金融機関が成立しているのです。私は巣鴨信用金庫でご高齢者向けのサービスや商品やホスピタリティを考えるとき、ご高齢者は人生経験を重ね本物を見極められるお客様である、表面的なサービスではご満足はいただけないと考えてきました。利益や数字を追いかけたようなサービスや商品は見抜かれてしまうのです。お客様に対するリスペクト、感謝の気持ちがなければ本当にご満足をいただける特色のあるサービスや商品はできません。相手を思う気持ちがあってはじめてホスピタリティを感じていただけるのです。これは、ご高齢者だけでなく、すべてのお客様にいえることです。

ビジネスをしていると毎日のように困難な問題にぶつかります。解決できないことも現実にあることは否定しませんが、「うちにはできない」「大手だからできるんだ」「うちには人材がいない」「コストがかかりすぎる」など残念ながら言い訳ばかりが先行してはいないでしょうか。挑戦もせずに、できなかったときのことまで想定して保険をかけるような言動は恥ずかしいことです。

本書はホスピタリティの理論ではなく実践を謳っていますが、実践に近道はありません。どんな困難な状況であっても、言い訳などせずに、相手を尊重し、最良、最高のものを求めて、考えて、考えて、考えて、考えて、考え尽くすのです。

「志」が高く「思い」が強ければ、必ず解決策が見つかるはずです。

―終　章―

本業を研ぎ澄まし、進化する

第1章の本文で触れましたが、本書を執筆中に東日本大震災が起こりました。被害は甚大で復興には長い年月を要しますが、被災地の復興は、机上の論理ではなく地域と住民に寄り添ったかたちで進めなければなりません。将来を見据えたビジョンを構築し、実現するためには、さまざまな規制を見直す必要に迫られるのではないでしょうか。

協同組織の金融機関は、いま、さまざまな課題に直面しています。協同組織の金融機関は、地域と地域の事業者など会員・組合員を基盤に、相互扶助、非営利を創業の精神として設立されました。

戦後の驚異的な経済成長、創業時には想像もつかなかったほどの規模の拡大、護送船団方式から自己責任を伴う金融自由化への転換、新規業務や異業種から新たな競争相手を迎えることとなった規制緩和など、急激な経済・社会環境の変化のなかで協同組織の金融機関だけでなく地域金融機関も知らず知らずのうちにお客様から遠い存在となり、地域のニーズ、お客様のニーズを拾うことができなくなってしまったのではないでしょうか。

第4章「地域金融機関とホスピタリティ」のなかで述べましたが、協同組織の地域金融機関が直面している預貸率の低下は、お客様から遠くなってしまった結果です。地域で集めた資金を地域で活用できなくては、地域金融機関としての役割を果たすことはできません。

東日本大震災からの復興にあたり新たなビジョンが求められていますが、地域金融機関ももう一度、自らのありようを真摯に考えるときがきています。

預貸率が減少していることについての要因は一つではありません。ただ単に預貸率を改善するために、大口融資や箱もの融資に力を入れ貸付残高を伸ばしても本質的な問題が改善するわけではありません。

本書でご紹介した浜松市の柳原新聞店では、本業である新聞の宅配、ポスティングを完全に個別対応しています。そのうえで宅配・地域密着という自らの強みを生かし、無農薬・減農薬野菜の販売、カルチャーサロンの開設、ＰＦＩなどにより、従来の新聞店の枠から飛び出し業務を広げています。

廃棄物処理業の白井グループでは、廃棄物処理業を環境ビジネス・サービス業と位置づけ、民間需要が伸長するなかで、接客改善、新卒採用に踏み切り、住民からの資源の直接買取り、新規業務の開拓、海外との連携などを進めています。

両社にお伺いする前は、新聞店で、廃棄物処理業でどんなサービス、ホスピタリティが存在するか、まったくといっていいほどイメージすることができませんでした。

両社とも、本業を研ぎ澄ましたうえで、業務を進化、拡大させ、地域と地域のお客様のニーズに見事に応えています。

そして、そこには従来のサービスを超えたホスピタリティが巧みに組み込まれていました。ホスピタリティが両社をお客様に近づけているのです。

地域とお客様の発展があって、はじめて金融機関が成り立ちます。原因や言い訳ばかり考えていても改善することはできません。いままで金融機関は本業である預金・貸付の金融業務に力を注いできました。お客様との距離を詰めるために、お客様を盛りたてるために、コストの一%、人員の一%をお客様の本業をサポートするための人材の育成、仕組みづくり、組織に振り向けることはできないでしょうか。

被災地の復興が、地域と住民を基軸とするように、ビジネスはお客様が基軸です。

ドラッカーは『マネジメント――基本と原則（エッセンシャル版）』（ダイヤモンド社）のなかで「マーケティングの理想はセールスを不要にすること」と述べています。サービスからホスピタリティへの転換は、効率、売上げ、利益を追求する企業から、お客様に選択いただける企業、セールス不要の企業への転換です。お客様に寄り添うホスピタリティはお客様に選ばれる企業として不可欠な要素です。

相互扶助の創業の精神を大切に協同組織金融機関の原点に戻って、地域と地域のお客様を盛りたてる。遠回りのようにみえますが、それがまさに本業を研ぎ澄まし、進化することであり、ホスピタリティ精神にも通じることです。地域と地域金融機関は厳しい環境に置かれていますが、その努力が回りまわって必ず本業へ跳ね返ってくるはずです。金融機関が組織をあげて本気で取り組めば必ず結果もついてきます。

一朝一夕に目標を達成することはかないませんが、「お客様に近い」「お客様の顔がみえる」状況になれば、新たな突破口がみえてきます。皆様の挑戦が成果に結びつくことを心よりお祈り申し上げます。

■おわりに

最後まで拙書にお付合いいただきました読者の皆様に、心よりお礼を申し上げます。

当初、構想したとおり、ホスピタリティの実践をおもなテーマとして、私事の感動体験まで含めてご紹介させていただきました。私はサービスとホスピタリティを明確に分けて位置づけております。しかしながら、重要なことは言葉の区別ではありません。実態として自らの都合やルールを優先するのではなく、多様なお客様のニーズに柔軟にお応えできるかどうかです。

お客様に「ここまでやってくれるの」「こんな気遣いまでしてくれるの」と満足、感動していただくことができればビジネスとしては成功です。ホスピタリティは直接的に利益に結びつくものではありませんが、お客様のご支持をいただければ、ホスピタリティの後に必ず利益がついてきます。ホスピタリティ・マネジメントはこれからのビジネスの王道です。

少しでも読者の皆様の明日のビジネスのお役に立つことができれば幸甚です。

最後になりますが、執筆を勧めていただくとともにご尽力を賜りました一般社団法人金融財政事情研究会・出版部部長加藤一浩様、田島正一郎様、伊藤雄介様に重ねて厚く御礼を申し上げます。

【参考資料】

山本哲士『新版ホスピタリティ原論』（文化科学高等研究院出版局）
山本哲士『ホスピタリティ講義』（文化科学高等研究院出版局）
上田惇生『ドラッカー時代を超える言葉』（ダイヤモンド社）
千葉　望『５００人の町で生まれた世界企業』（武田ランダムハウスジャパン）
服部勝人『ホスピタリティ・マネジメント』（丸善ライブラリー）

■著者略歴■

田中　実（たなか　みのる）

CS・ホスピタリティ実践研究所 代表
株式会社国際ホスピタリティ研究センター 研究ディレクター
コーネル大学日本校リテール・マネジメント・プログラム講師
1948年東京都生まれ
1970年巣鴨信用金庫入庫
営業店勤務ののち、本部・融資部、業務部、創合企画部など担当。
特に1996年以降は一貫して、商品・サービス、経営・企画などに携わり特色のある商品・サービス、イベントを企画するとともにホスピタリティの定着化に力を注いだ。
2003年金融庁 リレーションシップ・バンキング
　「新しい中小企業金融の法務に関する研究会」参加
2007年『ホスピタリティ―CS向上をめざす巣鴨信用金庫の挑戦』
　（金融財政事情研究会）を執筆
2009年6月常務理事退任、顧問を務めたのち、
2010年7月よりCS・ホスピタリティの分野で活動中

KINZAIバリュー叢書
実践ホスピタリティ入門
――氷が溶けても美味しい魔法の麦茶

平成23年9月13日　第1刷発行

著　者　田　中　　実
発行者　倉　田　　勲
印刷所　図書印刷株式会社

〒160-8520　東京都新宿区南元町19
発　行　所　一般社団法人 金融財政事情研究会
　編　集　部　TEL 03(3355)2251　FAX 03(3357)7416
販　　　売　株式会社 き ん ざ い
　販売受付　TEL 03(3358)2891　FAX 03(3358)0037
　URL http://www.kinzai.jp/

ISBN978-4-322-11921-3